Reconhecimentos

Aos meus conhecidos de trabalho e ministério, que não apenas trabalharam ao meu lado, mas trouxeram alegria à minha vida,

Para meu círculo de amigos que caminharam ao meu lado nos bons e maus momentos,

Para meus grandes amigos, Renato e Isys Campos, que traduziram este livro,

À minha família (tanto a família do nascimento quanto os meus sogros) que me mostraram amor incondicional,

Para as três mulheres mais importantes da minha vida, minha esposa Rachel e nossas duas filhas Anna e Lizzy, que me amam e me mantêm na linha,

E para a pessoa mais importante da minha vida, Jesus Cristo,

Obrigado.

ÍNDICE

INTRODUÇÃO - Por que os homens não têm amigos:

Princípios bíblicos para fazer novos amigos e manter os que você tem

A maioria dos homens não tem amigos de verdade. Para ser honesto, as mulheres se saem um pouco melhor, mas não muito.

Você pegou este livro porque, ao ler a capa, disse a si mesmo: "Esse título é sobre mim." Você pode estar se perguntando como entrou nessa situação. A vida certamente não começou assim. Anos atrás, você tinha alguns amigos. De alguma forma, com o tempo, você acabou não tendo ninguém com quem sair na vida.

Você disse a si mesmo que esse problema é apenas parte da vida. Afinal, para a maioria dos adultos, as responsabilidades parecem atrapalhar a amizade. Talvez um desses cenários de vida descreva sua situação:

Se você é casado, em algum momento da vida, você investiu seu tempo em encontrar um parceiro. Então você teve filhos. Não demorou muito para descobrir que as crianças não se preocupam demais com sua vida social; portanto, durante 18 anos você investiu nelas. Quando chegava em casa do trabalho, lidava com as necessidades da família, raramente fazia algo que gostaria de fazer e depois ia para a cama em preparação para o dia seguinte, não havia tempo para chamar um velho amigo para garantir que você ainda estava na vida um do outro. Agora você despertou para a realidade de que tem uma esposa e uma TV sem muito mais o que fazer numa sexta à noite.

Se você é solteiro, a situação não parece muito melhor. Quando todo mundo estava solteiro, você pôde ter um círculo de pessoas em sua vida. No entanto, quando seus amigos começaram a encontrar uma esposa, um por um, você começou a perceber que, embora velhos amigos ainda se importassem com você, o tempo deles estava ligado à sua nova vida.

Se você é divorciado, enfrenta uma situação semelhante à da pessoa solteira. Você pode ou não ter criado um círculo de amigos durante a vida de casado. No entanto, esses amigos, embora genuínos, foram baseados em uma dinâmica de conhecer você e seu cônjuge. Agora a dinâmica mudou, e as antigas amizades simplesmente não funcionam como antes. Ninguém foi malicioso, mas os velhos amigos simplesmente não encontraram uma maneira de se encaixar no seu "novo normal".

Se você é um jovem cristão, quase adulto, você pode ser preso em um ciclo completamente diferente. Você está atingindo a maioridade em um dos períodos mais solitários já registrados nesta cultura. Não é que você não queira ter amigos, apenas não sabe como fazê-los. Além disso, agora grande parte do mundo está online, e você não tem certeza de como se ramificar socialmente para fazer amigos. Afinal, a cena dos bares não é sua coisa e iniciar uma conversa na lanchonete da escola ou faculdade NÃO é a atitude mais fácil nos dias de hoje. Ainda assim, você está fazendo um esforço nobre e tentando novas abordagens para fazer amigos, mas é difícil criar novos relacionamentos.

Finalmente, você não pode se enquadrar em nenhuma dessas categorias. Você pode ser um dos muitos hoje que nunca pareceu encontrar amigos. Você se convenceu de que é um "introvertido", não uma "pessoa popular" ou qualquer outra descrição que não seja errada por si só e que possa realmente ser uma descrição precisa de você, mas consequentemente, você caminhou pela vida com pouquíssimas pessoas que você pode chamar de amigas. Com o tempo, suas tentativas de fazer amigos, ou pelo menos investir em certas pessoas, foram rejeitadas ou desgastantes pessoalmente. No final, você não tem mais ninguém com quem sair.

Se você é homem ou mulher; casada, solteira ou divorciada, a vida nunca foi feita para ser solitária. No entanto, para muitos de vocês, "solitário" é uma descrição precisa desse sentimento que você esconde tão bem. Você pode ter um forte círculo de conhecidos, mas para muitas leitoras (que estão lendo isso para alguém que você ama), também não tem ninguém com quem possa realmente contar para ajudá-lo em um momento complicado. Para muitos dos homens, você anseia por alguém que seja parceiro, mas também por algo que é ainda mais raro na sociedade, alguém com quem apenas possa se divertir. Não alguém para ajudar em um trabalho, mas alguém apenas para interagir com a maior parte do tempo e se aprofundar um com o outro ocasionalmente durante os momentos mais difíceis da vida.

Este livro foi projetado para mostrar como ter relacionamentos equilibrados. Ele fornecerá ideias sobre como encontrar amigos novamente, manter os que você tem e também como ter paz quando não tiver amigos imediatamente presentes em sua vida.

Este livro não foi elaborado para ser um tratado acadêmico, mas um texto introdutório e observacional na arte de expandir os relacionamentos em sua vida. Se você não é cristão, este livro definitivamente terá um tema bíblico. Para alguns de vocês, esse fato pode ser desanimador. Quero pedir que você dê uma chance a este livro.

Lembro-me de ouvir a história de uma jovem que se tornou cristã na cidade de Nova York. Ela era uma comentarista política de grande sucesso. Ela foi ouvir um pastor local pregar depois que o namorado pediu que ela desse uma chance à igreja dele. Ela ficou surpresa ao saber que gostou da primeira parte do sermão, onde o pastor deu uma sabedoria geral sobre os tópicos pertinentes do dia, mas quando o pastor falou sobre a Bíblia, sentiu-se um pouco irritada.

Com o tempo, ela começou a apreciar tanto a sabedoria folclórica inicial do pastor quanto as partes sobre a Bíblia no final da mensagem. No final, essa mulher se tornou seguidora de Cristo, o que pode ser algo em que você não está interessado. Então, se o desinteresse pelas coisas espirituais é o caso, tudo bem. Continue atento ao que você pode obter do livro, exatamente como essa jovem fez na igreja dela inicialmente. Você pode aprender algo sobre uma cosmovisão cristã que nunca viu antes, mas, no mínimo, há anos de sabedoria tanto dos cristãos quanto da Bíblia que podem ajudá-lo a descobrir como encontrar o amigo que você tanto procura. Sim, espero que você aprecie a Bíblia, mas também espero que, independentemente de encontrar amizade em um mundo emocionante, mas muito solitário.

Capítulo 1

Por que a maioria dos homens não tem amigos

Por que a maioria dos homens não tem amigos? Primeiro de tudo, o que foi discutido na introdução é verdadeiro - a vida acontece. A vida parece se afastar da maioria dos homens. A maioria dos homens é tão ocupada que não gasta tempo para fazer amigos. Observe que eu não disse que eles não têm tempo para fazer amigos. Eu disse que eles não gastam tempo. Pessoas com amigos levam vidas ocupadas também, mas tomam medidas para fazê-las.

Homens com poucos amigos geralmente se enquadram em seis categorias:

1) Eles gostariam de ter mais amigos, mas não se sentem suficientemente fortes para fazer algo a respeito.

2) Eles são tão orientados para o trabalho que os amigos não são uma prioridade.

3) Suas personalidades tornam difícil ter amigos (também conhecidos como tolos).

4) Suas personalidades tornam difícil ter amigos (também conhecidos como tímidos).

5) Suas personalidades tornam difícil ter amigos (também estão cansados).

6) Eles gostariam de ter mais amigos, mas permitiram que o medo os impedisse de trabalhar proativamente para tê-los.

Para cada uma dessas categorias, há razões pelas quais eles lutam pelas amizades.

Eles gostariam de ter mais amigos, mas não se sentem suficientemente fortes para fazer algo a respeito.

Nós, homens, somos um tipo engraçado. Alguns de nós são tão proativos que não podemos ficar parados por um minuto. Muitos homens, no entanto, se contentam em fazer o mínimo possível para sobreviver na vida. Sabemos que deveríamos nos exercitar, mas o trajeto de carro com ar condicionado até a academia é muito longe. Sabemos que devemos continuar nos esforçando academicamente, mas se tivermos que ler qualquer coisa que não esteja no nosso telefone. . . esqueça, muito trabalho. Da mesma forma, muitos homens sabem que devem fazer amigos, mas isso exigiria mais esforço do que eles estão dispostos a investir.

Sou voluntário como treinador de tênis em uma escola local. Frequentemente, ensino um novo saque aos adolescentes e os exorto a praticar. Os adolescentes tentam por cinco minutos, levantam as mãos com raiva e dizem: "Eu não estou entendendo isso!"

Bem, é claro que eles não estão entendendo! Minha resposta comum ao reclamante é: "Você precisa acertar essa bola 1.000 vezes antes de reclamar. . . não cinco vezes. " Tentamos, então, passar por algumas idéias simples na prática: pratique bater a bola contra a parede de sua casa para praticar (não conte à mamãe); assista a vídeos do YouTube que mostram a forma adequada para o saque; visualize-se acertando a bola corretamente, etc. etc. A maioria das crianças, entretanto, concorda com as idéias, mas não faz nenhum esforço real para praticar o saque mil vezes. Eles querem ter os frutos de seu trabalho, mas não estão dispostos a trabalhar.

É o mesmo com alguns homens, se você não tomar uma decisão consciente de fazer amigos, nunca o fará. Dá trabalho.

Eles são tão orientados para o trabalho que os amigos não são uma prioridade.

Alguns homens certamente não se enquadram na categoria passiva. Eles são "homens corajosos" que estão prontos para causar um impacto na vida. No entanto, eles são tão orientados para o trabalho que simplesmente não têm tempo para amigos.

Lembro-me de ter estudado a Bíblia com jovens há alguns anos. Esse grupo de jovens entendeu o fenômeno da falta de amizade entre sua geração, muito antes do que eu. Enquanto discutíamos relacionamentos, um dos rapazes falou e disse: "Para ser sincero, eu nem preciso de amigos. Estou tão ocupado com o que estou tentando fazer, que não tenho tempo para amigos." Após uma discussão mais aprofundada, tornou-se óbvio que essa pessoa não ansiava por amigos. Ele estava bem, em geral, por conta própria.

Como as Escrituras ensinam que as pessoas foram criadas para andar juntas (Gênesis 2:18, Provérbios 27:17, Mateus 22: 37-39), acho difícil acreditar que esse jovem nunca precise de amigos. Chegará um momento, talvez, em que ele acorde e perceba que algo está faltando em sua vida. No entanto, pelo menos por enquanto, não há muito que você possa fazer por homens como ele. Você pode conversar com esse tipo de cara sobre sua necessidade de amizade, mas provavelmente receberá apenas um olhar em branco, enquanto ele tenta descobrir o que você está falando e quanto tempo ele tem que te ouvir até continuar o trabalho que estava fazendo antes. Paciência é a chave para indivíduos orientados para o trabalho. Deixe a realização de sua necessidade chegar até eles. Depois, trabalharão para conseguir amigos, porque garantir relacionamentos se torna uma tarefa que eles precisam cumprir.

Suas personalidades tornam difícil ter amigos (também conhecidos como tolos).

Sim, alguns caras são idiotas. Nós descobrimos isso no vestiário da escola. A maioria dos caras eram legais e divertidos para conviver. Alguns eram muito, muito, muito egocêntricos e egoístas. As mulheres também sentem isso e você pode ver isso todos os dias nos telejornais. Voce verá com muita frequência que muitas mulheres hoje se queixam sobre o comportamento dos homens. Essas mulheres sentem que homens em ambientes empresariais ou políticos podem ser avassaladores e desdenhosos com elas. Pode ser esse o caso, e tenho certeza de que às vezes é o caso. No entanto, tenho outra perspectiva que gostaria de compartilhar. Confie em mim, esses caras também podem ser "explicados".

As personalidades de alguns caras tornam muito difícil fazer amigos. Seria fácil desprezar esses caras e assumir que não há esperança. No entanto, não devemos descartar essa categoria de homens. A Bíblia está cheia de homens que começaram como idiotas (Abraão, José, Davi, Pedro, João, etc., etc.), mas com o tempo eles se transformaram em algo muito mais impressionante. Lembro-me consistentemente de que no minuto em que começo a perder a esperança de que o coração das pessoas mude com o tempo é o minuto em que preciso para e me voltar para a Palavra de Deus. Mudanças acontecem sim.

No entanto, leva tempo para os homens perceberem que são idiotas. Existem medidas, no entanto, que um homem pode tomar para moldar sua personalidade para ser mais receptivo à amizade. Grande parte deste livro será dedicada a ajudar homens que começaram a perceber. . . "Uh, oh. Eu sou meio idiota. "

Suas personalidades tornam difícil ter amigos (também conhecidos como tímidos).

Muitos homens têm dificuldade para falar. Claro, existem algumas caixas de diálogo por aí, mas são poucas e distantes entre si. A maioria dos homens retém seus sentimentos muito mais do que a maioria das mulheres. Existem estudos que mostraram que as mulheres falam, em média, duas vezes mais que os homens durante o dia. (Para divulgação completa, artigos recentes da BBC e da revista Time fazem um bom trabalho detalhando essa teoria.)

Ainda assim, parece que os homens têm mais dificuldade em se comunicar, não é? É muito difícil para esse tipo de homem fazer amigos. Por quê? Porque esses homens precisam fazer algo para poder conversar com outra pessoa. Por outro lado, vi muitas mulheres nos meus anos, habilmente, sentarem-se com outra mulher tomando café e apenas conversaram como se fossem velhas amigas depois de se conhecerem alguns minutos antes. Também vi muitas mulheres sentarem-se com uma velha amiga e conversar durante horas tomando uma coca-cola, como se o tempo nunca tivesse passado.

Muitos homens simplesmente não têm essa habilidade. Para que esses homens falem, eles precisam ter uma atividade em andamento. Coloque 10 homens em uma quadra de basquete e a conversa começa a fluir. Coloque alguns caras no campo de golfe e a pressão está alta para conversar. Eles podem se concentrar um pouco no jogo e, depois, se concentrar em uma conversa descontraída.

O problema para os homens, no entanto, é que, à medida que a vida fica cada vez mais ocupada com as obrigações de trabalho e família, as oportunidades para o basquete 5 contra 5 ficam cada vez mais distantes. Um jogo de tênis leva algumas horas para ser concluído, que é o tempo que muitos homens não têm. Em resumo, é preciso muita organização e oportunidades para alguns homens conversarem, e isso fica mais difícil à medida que você envelhece.

Suas personalidades tornam difícil ter amigos (estão sempre cansados).

Ao mesmo tempo, há outros homens que se cansaram de sair com amigos porque estão sempre cansados. É verdade que os próximos parágrafos são apenas uma teoria minha, mas acho que à medida que alguns homens envelhecem, eles reconhecem que a conversa e a interação se tornam apenas mais. . . sem sentido.

Deixe-me lhe dar um exemplo. Aos 25 anos, dois homens podem se sentar e conversar sobre política. Os dois homens podem acreditar apaixonadamente que, com argumentos sólidos, eles mudarão a mente da outra pessoa. Aos 45 anos, os homens começam a perceber que nenhuma das pessoas vai mudar de idéia e nenhuma das partes sabe realmente do que estão falando, em grande parte do que estão dizendo. Aos 18 anos, dois homens podem sentar e contar piadas e se sentir como gênios em quadrinhos (principalmente nessa idade, as piadas giram em torno de funções corporais ou sexo). Aos 55 anos, dois homens podem sentar e brincar, mas eles podem ter ouvido as piadas vinte vezes de uma forma ou de outra ao longo dos anos.

À medida que os homens envelhecem, eles não estão tentando se tornar mais anti-sociais, mas as interações parecem mais inúteis. As mulheres vêem as conversas como oportunidades para compartilhar e construir uma sobre a outra. Para os homens, a conversa freqüentemente tem outro propósito: como uma oportunidade de aprender, ensinar ou "parecer mais inteligente" do que o outro cara. Os homens competem sutilmente para determinar quem conta a história mais engraçada ou quem conhece melhor um determinado assunto. No final, à medida que os homens envelhecem, eles percebem que o estilo competitivo de conversa simplesmente não é tão interessante como era antes.

Eles gostariam de ter mais amigos, mas permitiram que o medo os impedisse de trabalhar proativamente para tê-los.

A categoria baseada no medo parece ser a categoria mais ampla entre as seis da sociedade moderna. Muitos homens gostariam de ter amigos, mas têm medo de como encontrá-los.

Esse problema faz sentido. Confesso que muitas vezes tive dificuldade em ter um tempo para fazer amigos. Meus 40 anos de idade desencadeou minha percepção da necessidade de olhar além da minha família principal para encontrar amigos, mas antes dessa mudança eu caí na mesma armadilha em que tantos homens caem. Foi a armadilha da ocupação.

Os homens sabem que outros homens têm esse mesmo problema. Eles não querem correr o risco e pedir a alguém que saia ou jogue bola quando souber que o outro cara teve um longo dia. Os homens sabem que depois que um homem termina o trabalho, ele ainda precisa lidar com problemas familiares em casa ou, com mais freqüência, mais trabalho no escritório. Chamar outro cara para sair ou conversar pode parecer intrusivo. Por esse motivo, os homens não ligam para outros porque temem incomodá-los. Eles permitiram que o medo os impedisse de trabalhar proativamente a seu favor para encontrar mais amigos.

Na verdade, o medo pode se manifestar porque eles nem sabem como definir o que um amigo deve ser. Eles se sentem como o que a sociedade pensa que um amigo deveria ser. Na verdade, a amizade será diferente para pessoas diferentes. Tim Keller, um pastor fenomenal da cidade de Nova York, uma vez pregou no livro de Provérbios enquanto discutia a amizade. No final, Keller disse que um amigo é alguém que você pode ficar ao seu lado e dizer "eu penso igual". Eu também tenho a mesma visão. Eu também tenho os mesmos gostos. Eu também concordo com a maneira como você vê o mundo. A amizade floresce dessas três palavras simples.

Não sei qual categoria descreve você. No entanto, aprendi que muito mais homens do que percebi estão refletindo sobre o tema da amizade. Muitos de meus conhecidos se animaram quando mencionei que estava escrevendo um livro sobre esse assunto. Muitos deles confessaram que, no fundo, "Jeff, acho que não tenho nenhum amigo". Felizmente, nenhum dos meus bons amigos disse isso (caso contrário, sou um péssimo amigo). No entanto, este último parágrafo deve nos lembrar de nos perguntar: "Quantos relacionamentos possíveis estamos negligenciando de homens que precisam desesperadamente de amizade?" A maioria dos homens realmente não está procurando um ombro para chorar; no entanto, a maioria dos homens procura uma saída ocasional das responsabilidades familiares, o momento pouco frequente de sair e dar uma boa risada e a chance de ter alguém para sair com quem não é a esposa ou os filhos.

Capítulo 2

Por que as mulheres se saem um pouco melhor que os homens (mas não muito)

Os homens estão tendo dificuldades com as amizades em nossa sociedade. No entanto, as mulheres também estão passando por um momento difícil. A grande maioria das mulheres que entrevistei para este livro declarou que elas não têm amigas ou apenas algumas na melhor das hipóteses. O que impede as mulheres de ter amigas? As mulheres que entrevistei listaram as seguintes categorias em nenhuma ordem específica. . . exceto o primeiro. A questão do drama surgiu mais do que qualquer outra categoria.

Eles querem evitar o "drama"

Para sua informação, eu não sou exatamente uma autoridade no drama entre mulheres. E para informação adicional, conheço muitos caras cheios de drama. O drama não conhece gênero - é universal.

Tendo dito isto, vou destacar que as mulheres expressaram para mim e provavelmente para você que elas não procuram muitas amigas por causa do drama envolvido. Eu tenho duas filhas. Eu as assisti passar por situações tensas de habilidade que variam de: duas garotas usando o mesmo vestido a uma dança, problemas de namoro com amigos, percepção de diálogo entre amigas e também uma série de problemas muito mais sérios. Elas aprenderam a lidar com o drama muito, muito, muito melhor do que o pai.

Certamente cresci com muitos amigos e a maioria dessas questões embaraçosas dessa lista se aplica a ambos os sexos (exceto as mesmas roupas, já que todos usávamos jeans azul e uma bela camisa para qualquer reunião formal; nenhum de nós tinha bom gosto em qualquer coisa que seja). No entanto, parece, falando em detalhes, que o nível de drama FREQÜENTE era bastante alto na vida de nossas filhas. Nossas garotas diriam a mesma coisa se você perguntasse, tenho certeza.

Os relacionamentos exigem uma certa quantidade de drama. Você realmente não conhece alguém até ver o que é bom e o que é ruim. No entanto, para muitas mulheres, elas não querem investir energia emocional para lidar com os altos e baixos da amizade dentro do mesmo sexo.

Eles estão muito ocupados com o trabalho e a vida.

Muitas mães lidam com um estresse extremo em suas vidas. Assim como os maridos, eles têm trabalho e, em seguida, família, igreja e outras necessidades familiares / ministeriais em suas vidas. É difícil equilibrar tudo. Algumas mães não "trabalham", mas têm empregos em período integral cuidando de seus filhos pequenos.

Primeiro, deixe-me garantir ao leitor que as mães que ficam em casa TRABALHAM. Eu cuidei de uma criança semana passada com minha esposa. A criança dormiu 90% do tempo que a tivemos. No final da visita, minha esposa e eu nos entreolhamos, suspiramos e dissemos: "Não queremos mais filhos". Ela era adorável? Sim! Ela era bem comportada? Sim! Foi trabalho apenas para mantê-la viva? . . .Sim. Muitas mães sentem que não têm tempo para cumprir suas responsabilidades e muito menos pensam em procurar outras mulheres para fazer amizade.

Espere um minuto! Você pode estar pensando que estou sugerindo que apenas mães estão ocupadas. E as mulheres que não têm marido ou filhos? Eles não estão ocupados também?

No outro dia, eu estava conversando com uma mulher solteira que trabalha na minha equipe. Ela é uma trabalhadora incrivelmente diligente. Ela me confidenciou que se cansa de as pessoas dizerem que mulheres solteiras não estão ocupadas porque não têm filhos. Ela disse que as pessoas assumem que ela tem mais tempo livre, então ela é convidada a fazer todo o trabalho de caridade em sua igreja, bem como outros favores para as pessoas. No final, ela está tão ocupada tentando fazer pelos outros, que não tem muito tempo para si mesma. Eu ouvi essa avaliação de muitas mulheres solteiras. Independentemente de ser solteira ou casada, para muitas mulheres, relacionamentos adicionais parecem além do que podem suportar com tudo o que têm em suas vidas.

Elas acham que sua vida é seus filhos ou seus filhos são seus amigos.

Curiosamente, temo que essa seja uma das principais razões pelas quais as mulheres não têm amigas. Uma porcentagem de mulheres basicamente cai no pecado da idolatria - a idolatria de seus filhos. (Antes que as mães fechem este livro, deixe-me explicar.) As mães devem priorizar seus filhos. Essa ideia de proteger e nutrir crianças está enraizada no coração das mães de nosso Criador. Dito isto, muitas mães priorizam seus filhos a tal ponto que se tornam a prioridade em suas vidas às custas de todas as outras prioridades de vida. Essa extrema priorização pode passar de cuidadora (uma perspectiva saudável) para a idolatria (sua vida é governada por seus filhos).

Por exemplo, muitas mulheres passam todo momento acordado investido em seus filhos e não têm tempo para amigos fora de casa. Se você tem 40 anos ou mais, lembra-se de como seus pais o criaram. Você acordava no sábado de manhã ou durante os meses de verão, brincava com seus amigos até pelo menos almoçar, almoçava com seus amigos e depois voltava com eles. Seus pais eram vigilantes e amorosos, mas certamente não ficavam com você o tempo todo.

O mundo mudou. Parece um lugar muito mais perigoso. Sair com seus filhos é mais uma necessidade, porque não é seguro para eles correr por toda a cidade. No entanto, deve haver algum equilíbrio entre como nossas mães nos criaram e como criamos filhos hoje. A consequência de não encontrar esse equilíbrio é que as mulheres estão perdendo a capacidade de fazer amigos. Não há tempo para fazer amigos. Ou pior, se você passa o tempo todo com seus filhos, fica distorcido e pensa que seus filhos são seus amigos. Isso leva a uma quantidade prejudicial de pressão exercida sobre os filhos de uma mãe. As crianças não são projetadas para serem nossos amigos. Eles são projetados para serem protegidos e nutridos por nós, e não o contrário.

Muitas mulheres passam 20 a 25 anos unicamente focadas em seus filhos e perdem a capacidade de interagir com pessoas próximas à sua idade para a companhia de que precisam desesperadamente. Pior ainda, quando seus filhos saem para a faculdade ou começam a crescer quando não precisam mais de suas mães, as mães têm uma crise de identidade.

Elas não precisam de amigos.

Sim, algumas mulheres são solitárias. Assim como os homens, há certas mulheres que são tão orientadas para tarefas, que não desejam a companhia de outras pessoas. Ser orientado a tarefas, no entanto, pode ser uma categoria muito ampla para as mulheres. Carreira pode ser sua tarefa. Seus filhos podem ser sua tarefa. Ser casado pode ser sua tarefa.

Nunca esquecerei, anos atrás, ouvir um conhecido meu contar sobre um pastor que eles conheciam. Este homem e sua esposa tiveram um casamento incrível com filhos maravilhosos. A esposa tinha uma filosofia específica. Ela disse que seu chamado na vida era ser esposa. Esse foi um chamado honroso, mas, no final, ela estava tão envolvida em ser uma esposa que se afastou de muitas das outras mulheres da igreja.

O conhecido me falou do dilema que ela enfrentou. "Todos somos chamados a ser esposas, mas se todos cuidarmos de nossas próprias famílias, que esposa terá tempo para procurar ministrar ao mundo?" A esposa bem-intencionada havia assumido ao extremo sua tarefa de ser cônjuge e a conseqüência foi que suas amizades e seu ministério foram impactados negativamente.

Elas têm medo de ser proativas para encontrar novos amigos.

Assim como os homens, algumas mulheres têm medo de fazer amizade com outras mulheres. Elas podem ter medo de entrar em contato porque estão preocupadas por estar incomodando uma amiga ocupada. Elas podem ter medo de entrar em contato porque o aguilhão das rejeições que ocorreram no ensino médio ainda permanece em suas vidas. No final, o medo faz com que até algumas das mulheres mais devotas fiquem paralisadas em seus relacionamentos. Uma das minhas melhores amigas na vida e eu estávamos discutindo sua solidão. Ela era uma das mulheres mais queridas que eu conhecia, e pensei que ela tinha um amplo círculo de amigas, mas ela admitiu que se sentia sozinha. Ela disse que sempre foi a iniciadora de todos os seus relacionamentos e sentiu-se envergonhada por ser a pessoa que sempre chamava seus amigos primeiro. Consequentemente, ela deixou de ser a pessoa que iniciou os encontros.

O medo da rejeição é comum entre homens e mulheres. Por exemplo, muitos caras se lembram de se sentirem mortificados em convidar uma garota para sair quando eram mais jovens por medo de rejeição. As mulheres sentem um medo semelhante ao pedir a outras mulheres que invistam suas vidas nelas. Com o tempo, a constante necessidade de ser o iniciador das interações diminui até na melhor das mulheres.

Em qualquer categoria que você possa cair, quero te lembrar que você foi criado para o relacionamento. Há um ditado nas igrejas: "Não podem existir cristãos solitários". Em outras palavras, ninguém pode fazer tudo sozinho, e precisamos que a igreja caminhe ao nosso lado. Toda mulher precisa de amigos. Medo, tarefas fora do lugar ou idolatria sutil das crianças podem estar impedindo você de desfrutar da amizade.

Então, sim, homens e mulheres têm problemas para fazer amigos. Nos capítulos seguintes, tentarei dar algumas reflexões sobre as ações que você deve interromper, bem como outras idéias que você deve começar a fazer na esperança de fazer novos amigos e manter os que possui."

Capítulo 3

Erros que você está cometendo - você sairia com você?

Na outra noite, minha esposa e eu estávamos conversando. Eu estava de mau humor, provavelmente não sendo abertamente rude, mas quieto. Ela estava querendo brincar e se divertir. Eu participei sem entusiasmo, mas não demorou muito para que meu jeito de falar com ela ficasse mais ríspida. Senti meu comportamento mudar fiquei mais sensível (quase chorando), pensei sobre este livro.

Fiquei pensando que estava escrevendo um livro sobre amizade, mas naquele momento não estava sendo um amigo muito bom. Ah, claro, eu poderia dizer que estava apenas tendo uma "noite de folga" ou que estava apenas de "mau humor que acontece com todo mundo". Na verdade, às vezes temos realmente noites de folga ou mau humor. No entanto, naquela noite, eu continuava me perguntando: "Você sairia com você agora?"

Há um velho ditado que diz que "você pode atrair mais abelhas com mel do que com vinagre". Em outras palavras, um comportamento doce é muito mais atraente para os outros do que ser uma pessoa amarga ou azeda. Ninguém, nem mesmo sua mãe, quer estar perto de você quando você está de mau humor. Por que eu esperaria que minha esposa continuasse colocando a energia emocional naquela noite se o melhor que eu lhe daria eram tentativas sem humor de humor e a queixa ocasional dos motoristas de

Memphis? Eu não gostaria de ficar com alguém assim, mas espero que outros desejem estar perto de mim?

Agora vamos nos colocar no meu lugar. (Sim, neste livro eu me cutucarei muito, por isso me acostumei. Descobri na vida que o melhor exemplo negativo que um escritor / palestrante pode usar é ele mesmo. É muito menos desagradável escolher você do que escolher nos outros.) No entanto, agora é a hora de começar seu primeiro passo de autorreflexão. Você está pronto?

Você gostaria de sair com você? Você gostaria de ser seu amigo ou se sentiria mais aborrecido do que gostaria de suportar? É uma pergunta que me fiz muitas vezes nos últimos meses e é uma pergunta que você deve se fazer também.

Vamos parar por um momento depois de fazer as perguntas acima. Você precisa ter cuidado para não colocar muita pressão em si mesmo. É claro que haverá noites em que você não se sentirá bem fisicamente ou emocionalmente. Tente ser feliz mesmo quando as coisas não vão muito bem, por exemplo. Ou, às vezes, as pressões do trabalho podem deixar sua mente tão dividida emocionalmente que é difícil seguir as etapas adequadas para ser um amigo. Esses tipos de situações são apenas parte da vida e pegar leve com você mesmo é bom para essas situações.

Ainda assim, se você decidiu que talvez não seja alguém com quem escolheria sair, o que faz? Na verdade, existem alguns passos óbvios que alguém poderia tomar. Observe que eu disse "óbvio", não é fácil. Lembre-se de muito do que falaremos neste livro são decisões que é preciso tomar em nível emocional e / ou espiritual. Essas decisões devem ser imediatas, mas muitas vezes na realidade levam algum tempo. Você não pode transformar um transatlântico em um centavo e provavelmente não solucionará alguns desses problemas da noite para o dia, mas com tempo e paciência, você pode se tornar alguém com quem as pessoas querem sair.

1) **Reconheça o problema.** Alcoólicos Anônimos © diz a seus participantes que o primeiro passo no caminho da recuperação é reconhecer o problema. Essa ideia está no alvo. Eu tinha um amigo que era introvertido demais. Não há nada de errado em ser um introvertido, mas, neste caso, ele não estava se permitindo tomar nenhuma atitude para conversar com as pessoas. O que ele fez? O primeiro passo foi reconhecer que ele estava deixando o medo impedi-lo de conversar com as pessoas. Ele mudou da noite para o dia? Não. Ele passou de introvertido para extrovertido? Não. Ele aprendeu a ser mais social do que era anteriormente? Com a ajuda de Deus, sim.

2) **Reconheça que você não está sozinho no seu problema.** A Bíblia nos diz que "Não veio sobre vós tentação, senão humana". (1 Coríntios 10:13) Em outras palavras, o que quer que você esteja enfrentando, muitas pessoas já o enfrentaram antes de você. Não surte quando perceber que tem áreas que precisa melhorar. Em vez disso, respire fundo e perceba que milhões de pessoas lutaram com esse mesmo problema antes de você.

3) **Possua o problema**. Uma coisa é dizer: "Eu sou egoísta" ou "Sou muito barato". Outra coisa é dizer abertamente que você está errado. O apóstolo Paulo se considerou o pior ou "chefe" dos pecadores em 1 Timóteo. Paulo realmente era o pior de todos os pecadores? A resposta é sobre perspectiva. Paulo estava reconhecendo seus problemas e precisava resolver a severidade de suas ações. Deixe-me ter cuidado aqui: certas características não estão erradas. Ser introvertido não é errado, não ser atlético não é errado, não gostar de musicais não é errado. Essas são características com as quais alguém nasce ou são preferências simples. No entanto, quando há um problema que é preciso mudar, apenas reconheça que essa é realmente uma área de luta. Por exemplo, não há nada de errado com um cara que gosta de falar sobre caçadas. No entanto, se a esposa ou os colegas de trabalho não se interessam por esse tipo de assunto, reconhecer que esse tipo de conversa não interessa a esposa e amigos é o primeiro passo para construir pontes para se tornar um amigo melhor da esposa ou dos colegas de trabalho.

4) **Mudança e adaptação** - Paulo também disse: "Eu me torno todas as coisas para todos os homens com o objetivo de salvar algumas". (1 Coríntios 9) O que ele quis dizer? Paulo adaptou-se ao seu contexto. Por exemplo, Paulo era o mais alto dos acadêmicos em um sistema religioso muito rígido. No entanto, ele aprendeu a conversar com as pessoas de maneiras diferentes, porque reconheceu os diferentes tipos de pessoas para quem Deus estava enviando. Da mesma forma, podemos nos adaptar em nossa vida. Se você está tentando se tornar um melhor amigo de seus sogros, e eles gostam de falar sobre pesca, seria bom

você aprender um pouco sobre pesca? Se você odeia comer fora, mas na sua cidade a maneira de conhecer pessoas é comer no restaurante local, seria o fim de suas finanças ir comer uma refeição leve de vez em quando? Eu odeio, odeio, odeio musicais. Quando alguém começa a cantar no cinema ou em uma peça de teatro, eu apenas reviro os olhos e me coloco no modo de sobrevivência pelos próximos quatro minutos. No entanto, minha esposa, filhas e vários amigos gostam de musicais. Vou a um musical toda semana? De jeito nenhum. Me mataria tentar aprender um pouco a gostar de musicais? ... Acho que não.

Se você é barato, relaxe um pouco. Se você estiver mal-humorado, faça um esforço extra para pensar nas coisas pelas quais agradecer. Se você é gregário, talvez precise dar um passo atrás e aprender a ouvir, em vez de falar. No final, seja honesto sobre as áreas da sua vida que você precisa melhorar, e você poderá descobrir que em alguns meses poderá ser alguém com quem gostaria de sair.

Capítulo 4

Erros que você está cometendo: mal-entendido julgamento e confronto

Não há um processo de quatro etapas para fazer amigos. Desculpe, eu gostaria que houvesse. Por que não é tão simples fazer amigos? A resposta se resume a Aquele que nos criou em primeiro lugar.

Uma de nossas experiências de adoração vem de estar na natureza. Andar pela sua vizinhança, se você tiver a sorte de morar em uma vizinhança com árvores e grama, lembra que há algo maior do que você por aí. Ao olhar para a beleza de todos os tipos de árvores, flores, pequenos animais e até sim, insetos, podemos lembrar que algum Criador sentiu a necessidade de fazer uma variedade de coisas vivas para Sua glória. Deus realmente gosta de diversidade.

Do mesmo modo, Ele criou uma variedade de pessoas, todas iguais aos Seus olhos, mas certamente diversas. Fisicamente, ele adotou apenas algumas características básicas: olhos, nariz, boca, ouvidos e estrutura facial variada e criou literalmente bilhões de pessoas com aparência diferente. Mais importante para este livro, em termos de personalidade, ele fez introvertidos e extrovertidos, engraçadas e pensativas, viajantes e caseiras, etc., etc., etc. Somos fisicamente e emocionalmente muito mais complexos do que qualquer outra parte diversa. da criação de Deus. Consequentemente, os relacionamentos de amizade não se encaixam em uma abordagem única.

Então, o que você pode fazer para fazer amigos? Depois de ter examinado se você é alguém com quem gostaria de sair (consulte o capítulo anterior), provavelmente há outras áreas de fraqueza nas quais você pode refletir. Não desanime com esse processo autorreflexivo. Sim, você provavelmente cometeu erros, mas o mais bonito de ser criado por Deus é que você tem o potencial de mudar. Esse potencial significa que seus erros do passado não definirão seu futuro. À luz disso, vamos examinar se você entendeu errado os conceitos de julgamento e confronto e, consequentemente, isso o prejudica em seus esforços para fazer amigos.

Julgamento e Confronto

Por acaso, uma das Escrituras mais citadas do Novo Testamento é Mateus 7. "Não julgue para não ser julgado" é usada repetidamente pela cultura pop para dizer às pessoas que elas devem poder viver como querem. Nunca esquecerei de assistir a um ator famoso sendo entrevistado em um programa de entrevistas cheio de uma audiência de futuros atores alguns anos atrás. Foi perguntado o que ele mais odiava no mundo. Ele disse: "Pessoas julgadoras". A plateia rugiu com aprovação. Enquanto assistia ao programa, pensei comigo mesmo: "Também não suporto pessoas julgadoras, mas é disso que você mais odeia no mundo ?!" Sua reação instintiva à pergunta sobre sua coisa mais detestável foi dizer pessoas julgadoras - em detrimento de outros males, como estupro, pobreza, ditaduras, assassinatos, pornografia, etc.? Como chegamos ao ponto de que julgar era a primeira coisa que vinha à mente de alguém em termos de coisas que ele não gosta?

Todos sabemos que certos cristãos irritantes, que parecem estar com raiva de tudo, desde jogar bilhar até assistir à Disney, contribuíram para a opinião das pessoas sobre odiar serem julgadas. No entanto, não ser capaz de identificar o pecado (em outras palavras, não ser capaz de julgar as más ações com base em um padrão bíblico) não é o que a Bíblia ensina. Na verdade, somos chamados a tentar ajudar nossos amigos em áreas que realmente precisam de uma mudança. Existe uma maneira de ajudar outras pessoas que lutam contra o pecado sem julgar demais (ver Gálatas, capítulo 6). No entanto, a maioria das pessoas se esquiva de confrontar publicamente alguém com o pecado, porque não querem parecer religiosas demais.

Você pode estar pensando que julgar não é o seu problema. Você não está tendo uma atitude "mais santa ao tentar ter uma mente aberta sobre as pessoas." No entanto, com frequência, se você ler os seguintes versículos, poderá perceber: "Opa, eu faço isso nos meus relacionamentos mais do que imagino." Vamos dar uma olhada no que Mateus 7 diz:

3 "E por que reparas tu no argueiro que está no olho do teu irmão, e não vês a trave que está no teu olho? 4 Ou como dirás a teu irmão: Deixa-me tirar o argueiro do teu olho, estando uma trave no teu? 5 Hipócrita, tira primeiro a trave do teu olho, e então cuidarás em tirar o argueiro do olho do teu irmão".

Mateus está nos ensinando que o cerne desta passagem não é julgar os outros. De fato, o núcleo envolve se examinar primeiro. Sim, alguém ao seu redor pode ser orgulhoso, guloso, preguiçoso etc., mas antes de confrontar (e às vezes precisa confrontar), verifique se não são áreas com as quais você está lutando em sua própria vida. Este é um primeiro passo crucial antes de qualquer confronto. Caso contrário, em sua tentativa bem-intencionada de ajudar um amigo, você pode parecer hipócrita com a outra pessoa.

Claro, todo mundo tem áreas em que falha. As pessoas frequentemente assumem que os cristãos evangélicos se sentem perfeitos em caráter e moral. Pelo contrário, Nós cristãos evangélicos aprendemos que estamos longe, longe de ser perfeitos. As escrituras ensinam que todos têm áreas em que lutam (novamente, chamamos essas áreas de pecados) e que mesmo a pessoa mais moral fica aquém do ideal. Então, se for esse o caso, como alguém pode confrontar alguém por fazer algo errado? Afinal, se todos temos problemas, isso não impediria alguém de confrontar alguém por pecar?

Na verdade, existem etapas que os cristãos podem ajudar alguém que luta contra o pecado, assim como lutamos com nossas próprias áreas de pecado ao mesmo tempo. Mas o objetivo deste capítulo não é um estudo de Mateus 7. Portanto, vejamos a questão do confronto / julgamento da perspectiva da amizade.

Minha opinião é que não damos um passo - nem refletimos sobre nosso próprio pecado ou confrontamos nosso amigo quando ele fez algo errado. A falta de realizar qualquer uma dessas tarefas nos leva a perder os amigos que temos. É um erro enorme nos relacionamentos. Nossa falta de reflexão sobre nosso próprio pecado pode nos tornar pessoas notavelmente julgadoras, e nossa falta de confrontar outras pessoas que realmente precisam de ajuda pode nos tornar pessoas notavelmente egoístas.

Passei os últimos vinte anos da minha vida viajando pelo mundo fazendo trabalho missionário. A principal diferença que vejo entre os Estados Unidos e outras culturas é o fato de pouquíssimas pessoas, cristãs e não-cristãs, realmente refletirem sobre seus próprios pecados. Em vez disso, os americanos são muito, muito bons em justificar suas próprias ações, independentemente do que fazem. Podemos dar uma gorjeta a um garçom porque "atenderei você de maneira diferenciada da próxima vez que estiver aqui". Podemos gastar mais dinheiro em nós mesmos no Natal do que em outra época do ano, porque as "promoções são boas em dezembro" e "eu sempre quis isso". ("Sempre" frequentemente significa que eu pensei sobre isso nos últimos 10 minutos). Podemos conversar rudemente com nosso vizinho e nos convencer de que não estamos sendo rudes, apenas "dizemos como é". Podemos ter casos e culpar a outra pessoa porque "eu simplesmente não a amo mais". No final, os americanos se tornaram muito, muito bons em justificar seu próprio pecado ou transferir suas ações culpadas para outra pessoa.

Essa mentalidade se torna muito problemática em nossos relacionamentos. Se você deseja ter um relacionamento profundo com alguém, deve aceitar que essa pessoa tenha algumas falhas. Com o tempo, essas falhas serão adicionadas ao seu relacionamento e ficarão irritantes. No entanto, relacionamentos profundos exigem conviver com essas falhas e, às vezes, confrontá-las.

Por exemplo, muitas pessoas envolvidas no relacionamento mais profundo da vida fora do relacionamento com Deus, o casamento, evitam discutir suas falhas intimamente. Eu conheci muitos casais que me dizem que nunca brigam e tudo é "sempre bom" entre eles. Você sabe qual é o meu primeiro pensamento quando as pessoas me dizem isso? Essas pessoas se enquadram em uma de quatro categorias.

A) Eles são os 1% que realmente nunca lutam e são verdadeiramente abençoados.

B) O marido é tão arrogante que a esposa desistiu de tentar revidar.

C) A esposa é tão arrogante que o marido não confronta.

D) Ambos são tão arrogantes que não se conhecem mais.

Três em cada quatro desses exemplos são mortais para um casamento. Eles podem permanecer casados (e espero que sim), mas isso não significa que o casamento represente uma amizade amorosa. As verdadeiras amizades envolvem conhecer alguém tão bem que você conhece e interage com suas falhas. Casais que nunca brigam provavelmente não brigam porque perderam a intimidade envolvida em um relacionamento verdadeiro. Essa intimidade envolve honestamente confrontar as transgressões de alguém de vez em quando.

Da mesma forma, as pessoas perdem amigos porque ficam tão focadas nas falhas dos amigos que não conseguem mais ficar ao seu redor. Eles então caem em duas armadilhas:

Armadilha 1 - Eles se concentram nas falhas do amigo, decidem que nunca fariam a mesma coisa que o amigo e a divisão ocorre.

Armadilha 2 - O amigo deles realmente tem um problema repetitivo em sua vida que é ofensivo, mas a parte ofendida nunca discute isso, e a divisão ocorre.

A cura para a armadilha 1 é dedicar um tempo para refletir sobre as áreas em que você fica aquém. Não exagere, não justifique, não assuma que a outra pessoa é pior que você, mas apenas reflita sobre onde você tem pontos fracos. Por exemplo, passo muito tempo com pastores. Eu conheço muitos, muitos homens bons. No entanto, conheço pastores que, no meio de tentarem ser crentes genuínos, também são inóspitos, temperamentais, rudes, egoístas ou arrogantes. Eles são bons homens, cada um lutando à sua maneira. Eu poderia focar nessa área a ponto de não poder mais lidar com essa pessoa ou aceitar que todos estamos em uma jornada para tentar ser pessoas melhores.

Ao mesmo tempo, posso me fazer algumas perguntas. "Que áreas da minha vida precisam ser mudadas e que podem ser uma fraqueza? Quem eu conheço e amo que pode me dizer (amavelmente) onde estou aquém? Estou realmente disposto a mudar em meu próprio coração? Não justifique; Seja honesto. Isso o ajudará a perceber que as coisas que o incomodam sobre seu amigo não são tão ruins quanto você imagina. Como foi observado anteriormente, as Escrituras dizem que Paulo disse: "Cristo Jesus veio ao mundo para salvar pecadores, dos quais eu sou o maior". (1 Timóteo 1:15) Quando você perceber que também pode ser descrito como o maior dos pecadores, isso ajudará você a ser mais solidário com os outros.

A cura para a armadilha 2 é que talvez você precise confrontar uma pessoa que luta contra um pecado e que, consequentemente, o ofendeu. Apenas uma palavra de cautela, vivemos em uma época em que parece que todos estão ofendidos - MUITO! Na maioria das vezes, quando você está ofendido, o que você precisa fazer é respirar fundo e decidir se realmente merece estar ofendido.

No entanto, às vezes ocorreu uma ofensa genuína. As escrituras são bem claras sobre como lidar com um problema quando você está realmente ofendido. Mateus 18 diz para você ir para a outra pessoa. Diga a eles como você foi ferido. Se eles não ouvirem, volte com um amigo. Se eles ainda não ouvem, você pode levá-lo à sua igreja e pedir ajuda à comunidade.

Você pode estar pensando que enfrentar será difícil. Sim será! No entanto, se você chegou a um ponto em que a divisão ocorrerá de qualquer maneira, o que vai doer? Se eles te ouvirem, você ganhou um amigo. Se eles não mudam, provavelmente não eram realmente amigos. Nós nos tornamos uma sociedade julgadora. Julgamos porque estamos constantemente ofendidos porque alguém realmente mostra uma área de fraqueza; talvez uma área de fraqueza na qual pessoalmente não lutamos. Então, ficamos pasmos com o fato de a outra pessoa agir da maneira que age. Frequentemente, não demora muito para que os relacionamentos sejam quebrados.

Ao mesmo tempo, somos julgadores. Em vez de procurar um amigo que realmente está lutando em uma área de fraqueza (orgulho, egoísmo, etc.) ou procurar um amigo que sempre o machucou, nos mantemos em sigilo e deixamos os problemas apodrecerem. Se você realmente amava alguém, não gostaria de dizer a eles: "Ei, esse tipo de dor quando você _____. Tudo bem, todos cometemos erros, mas podemos conversar sobre isso?" Confrontar um amigo próximo é a maneira bíblica de superar um desprezo real ou percebido por alguém com quem você realmente se importa.

Pare de ler o livro. Dedique alguns minutos para ser muito real consigo mesmo (e espero que com Deus). Você julga os outros, mas dá a si mesmo um passe livre em suas próprias fraquezas? A cultura pop ensina que você é bom por dentro. As escrituras, no entanto, ensinam que seu coração naturalmente o leva a fazer coisas erradas. Aproveite o tempo para ver seus próprios pontos cegos, e isso o ajudará a ser muito mais agradável com seus amigos.

Por outro lado, e a situação oposta? Você foi legitimamente ferido por um amigo ou viu um amigo agindo de uma maneira que te machuca? Você refletiu interiormente para se certificar de que está reagindo com compaixão, em vez de orgulho ou julgamentos pecaminosos?

Você já teve tempo para contatá-los e ajudar a melhorar a situação?

Seja o tipo de amigo que você gostaria que os outros fossem para você. Não julgue, apenas porque alguém é defeituoso, mas tem a coragem de entrar em contato com alguém quando, infelizmente, o confronto precisa ocorrer.

Capítulo 5

Erros que você está cometendo: você investe nas pessoas pelas razões erradas

Estou prestes a escolher a cultura americana. Parece que eu gosto muito da cultura dos Estados Unidos às vezes neste livro, essa não é minha intenção. Pelo contrário, morei em outros lugares no exterior. Uma coisa que morar no exterior me lembra é o quão bom eu tenho em casa e como somos abençoados por viver em um dos países mais desenvolvido da história do mundo. No entanto, existem falhas em nossa cultura que merecem ser examinadas. Assim como temos que examinar nosso próprio coração para ver nossas falhas, examinar nossa cultura também é realmente bíblico (ver 1 Reis 8).

Os americanos podem ser excessivamente independentes e ferozmente pragmáticos em tudo o que fazemos. Esses erros de caráter podem afetar a forma como fazemos e mantemos amigos. Especificamente, nossa visão pragmática da vida pode nos fazer perder completamente o objetivo da amizade.

O pragmatismo se concentra na ideia de fazer escolhas com base em como isso beneficia os resultados finais. Às vezes, os idealistas podem ser muito ingênuos, mas os pragmáticos podem ser muito calculistas. Em termos de amizade, pessoas pragmáticas fazem amigos com base no que seus amigos podem fazer por eles, e não no que o pragmático pode fazer por seus amigos.

Parece lógico fazer amigos pelo que eles podem fazer por nós, afinal, é bom ter amigos com quem podemos sair para que eles possam nos fazer rir, talvez fornecer companheirismo quando vamos a um jogo ou pode ser que quarta pessoa necessária para um jogo de duplas no tênis. No entanto, o pragmatismo não leva à verdadeira amizade, mas a relacionamentos superficiais e egoístas.

Quando você procura amigos pelo que eles podem fazer por você, no final, se eles não produzem o que você precisa, um pragmático (como a maioria de nós) não os vê mais como amigos. Eu imagino que você esteja pensando: "Eu não sou tão frio e calculista!" Você pode se surpreender! Quantos de vocês tiveram amigos que eram colegas de trabalho? Por um período de tempo, vocês saíram juntos um do outro. Eles entenderam a sua situação de vida e você a deles. No entanto, depois que seu trabalho mudou, com que frequência você os procurava com um telefonema? Você está perto de um amigo agora?

Você pode responder dizendo que "a vida segue em frente" ou pode dizer que mantém o significado de ligar, mas está "ocupado lidando com outras prioridades". Essas duas declarações têm um símbolo de verdade, mas a verdade é que você não liga porque você não precisa mais deles. Eles não atendem a essa necessidade emocional que eles faziam quando você trabalhava lado a lado.

Isso significa que você precisa manter contato com todos os seus colegas de trabalho anteriores? Todos? Provavelmente não. No entanto, acho que minha pergunta para você seria: "Por que não tentar acompanhar mais do que você tem?" Você tem muito mais tempo em sua vida para investir em amigos do que pensa. Por exemplo, 15 minutos de chamadas no trabalho, voltando para casa, são muito mais produtivos do que ouvir estações de rádio ou de música popular. Você provavelmente não será capaz de acompanhar todo mundo como gostaria, mas um pequeno investimento de tempo fará uma grande diferença em quantos relacionamentos você tem.

No entanto, se ligar para amigos do passado seja uma tortura, tudo bem. Talvez você não tenha tempo para ligar. Talvez você precise usar o tempo no caminho de casa para o escritório. Talvez você seja um excelente motorista e não use o telefone enquanto dirige. (Você aparentemente não mora em Memphis porque parece que ninguém solta o telefone na estrada).

Mesmo se você não seguir o conselho de ligar na estrada, ainda poderá mudar de mentalidade para futuros relacionamentos com amigos no trabalho. Em vez de ser pragmático sobre o que as pessoas podem fazer por você, veja seus colegas de trabalho, vizinhos etc. como alguém a quem você pode ministrar; e toda a sua perspectiva mudará na amizade como um todo. Não estou sugerindo que você deva ver todos como um "ministério". Esse é um caminho rápido, tanto para o esgotamento quanto para ver todos como um caso de caridade. Estou dizendo que se você mudar sua mentalidade para pensar que seus amigos são aqueles em que você escolhe investir, em vez de coletar seu tempo, dinheiro e energia emocional, você acabará mantendo os amigos que possui e fazendo mais amigos.

Em todo o mundo, tive a sorte de fazer amizade com pessoas que provavelmente não estão no meu nível socioeconômico. Não me entenda mal, eu incluiria meus amigos da Índia, Brasil, Guiana etc. certamente no meu grupo de colegas e além em termos de habilidades sociais e inteligência. No entanto, muito poucos têm a riqueza com a qual tenho a sorte de ser abençoado como americano.

Comecei a trabalhar com meus amigos anos atrás, ajudando-os em ministérios de impacto evangelístico ou social nesses países. No começo, a base de nossos relacionamentos era como eu poderia ministrar a eles. Você sabe o que aconteceu após um curto período de tempo com essas pessoas? O ministério virou amizade e a amizade virou amor fraternal. Por quê? Porque naturalmente começamos a amar aqueles a quem ajudamos de maneiras mais profundas do que o amor que temos por alguém que nos ajuda principalmente. Com o tempo, tomamos como garantidas pessoas de quem recebemos amor / ajuda. Quando você é o doador, por incrível que pareça, seus sentimentos de afeição pela outra pessoa aumentam em maior extensão do que quando a outra pessoa faz coisas por nós.

Você quer fazer novos amigos? Comece a procurar pessoas ao seu redor em uma capacidade ministerial. Se você fizer esse passo na criação de amigos, esse pode ser o único passo garantido que posso lhe dar, que você terá mais amigos. Esses novos indivíduos estarão todos no seu nível social / econômico / educacional? Talvez não. Afinal, pessoas que são estáveis financeiramente não estão frequentemente procurando por ajuda. No entanto, Deus abrirá portas para você fazer amigos em lugares que você não imaginava anteriormente, e você será a pessoa melhor para isso. Você experimentará a alegria de uma diversidade de amigos, em vez de procurar pessoas como você. Minha vida seria muito monótona se todos os meus amigos tivessem 40 anos, classe média, brancos, pais de filhas de uma cidade pequena (como eu). Chegar a pessoas que precisam de ajuda de diversas origens trouxe alegria imensurável e numerosos amigos à minha vida.

Ao mesmo tempo, você deseja que colegas de trabalho e vizinhos continuem amigos? Veja-os não como um meio pelo qual você está satisfeito (humor, produtividade, conversa), mas comece a vê-los como alguém em quem você pode investir. Decida que seu tempo com eles não é sobre você, mas sobre como você pode ser uma bênção para eles. Seu investimento emocional nessa mudança de mentalidade realmente lhe dará mais apreço pela outra pessoa, e você pode se surpreender com quantas amizades emergentes ocorrem.

Jesus discutiu esse tópico em uma de suas citações mais famosas: "Faça aos outros o que você gostaria que fizessem". (Lucas 6:31) É incrível como essas 10 palavras simples podem revolucionar seus relacionamentos da noite para o dia.

Capítulo 6

Erros que você está cometendo: o medo de ficar sozinho é um terrível motivador

Você não quer ficar sozinho. Sim, existem solitários neste mundo, mas você não é um deles. Não sei dizer quantas vezes vi pessoas na televisão que se mudaram para o Alasca ou Montana, para que todos os deixassem em paz. Um estilo de vida solitário parecia maravilhoso para eles. Toda vez que assisto, não consigo deixar de pensar em como sou oposto a essas pessoas. Eu gosto muito de pessoas ao meu redor. Eu poderia voltar para a vida no dormitório da faculdade em um segundo porque eu gostava de ter pessoas ao meu redor o tempo todo (acho que tenho que verificar com minha esposa se ela ficaria bem quando nós dois formos).

Seu desejo de não ficar sozinho, no entanto, é um terrível motivador quando se trata de fazer e manter amigos. Por quê? Aqui está uma lista de várias razões pelas quais o medo de ficar sozinho é uma maneira debilitante de viver a vida.

O medo é o pior motivador. Para um cristão, versículos como "Deus não nos deu espírito de medo, mas de poder, de amor e de mente sã" (2 Timóteo 1: 7) devem ser forças orientadoras em nossas vidas. Você não foi criado para viver uma vida de medo, mas uma vida vitoriosa de poder, amor e mente sã. Você deve sentir o poder do Espírito Santo direcionando você todos os dias, o amor do Senhor em seu coração e uma mente racional e sadia dada a você por Deus para vencer o medo.

O medo torna você menos agradável por estar por perto. Se você está com medo, então está adivinhando o que faz. Nada é pior do que estar perto de alguém que é dominado pelo medo. Afeta todos os aspectos da sua vida social. Você é menos divertido porque está "na sua própria cabeça". Você é menos conversador porque, em vez de ouvir a próxima pessoa, está preocupado com o que fazer ou dizer a seguir. Você é menos decisivo porque não pode decidir em qual restaurante ir porque está preocupado com o que alguém pensará. (A ilustração do restaurante descreve quase todas as noites como uma família de quatro pessoas). Consequentemente, exatamente o que você mais teme, estando sozinho, se tornará uma profecia autorrealizável.

O medo é causado por um mal-entendido de como / por que você foi criado. Você foi criado para a comunidade. Você pode pensar para si mesmo que DEVE ficar bem sozinho, ou se você é cristão, deve ficar bem apenas com Jesus.

Alguém uma vez me disse uma verdade sobre Adão e Eva que realmente me fez dar um passo para trás e pensar em meu relacionamento tanto com os outros como com o Senhor. Eu costumava ensinar que os cristãos deveriam estar prontos e dispostos a viver sua vida em completa satisfação com qualquer situação em que se encontrem. Sozinhos ou cercados por amigos, devemos estar satisfeitos. Por quê? Deveríamos estar satisfeitos porque temos Jesus. Jesus é Aquele com quem passaremos a eternidade. Outros crentes estarão lá também, mas estaremos focados nele. Deste lado do céu, Jesus é quem melhor conhece e entende quem somos. Jesus é o melhor amigo que precisamos.

Meu ensino era defeituoso e míope. Todas essas coisas que acabei de listar sobre Jesus são verdadeiras. No entanto, perdi um dos pontos da primeira narrativa das Escrituras. Adão andou com Deus. Literalmente, Adão andava com Deus "no frio do dia". O Senhor visitava Adão e estava junto com Ele. Alguém poderia pensar que estar com Deus seria suficiente para Adão. Afinal, se você passar apenas 15 minutos por dia com o Rei dos reis, deve ser amizade mais que suficiente para mantê-lo até o dia seguinte. No entanto, embora Adão estivesse andando com Deus, a Bíblia ainda descreve Adão como "solitário".

Adão estava sozinho? Por que alguém estaria sozinho quando recebia visitas de Deus? Porque Deus nos criou para a comunidade, principalmente com ele, mas também com nossos pares. Você provavelmente tem conhecidos semelhantes em sua vida que eu tenho. Você conhece pessoas que amam você e gostam de você, mas elas não são seus pares. Adão precisava de um colega, um companheiro, um amigo. Deus não o julgou por querer amizades externas junto com ele; em vez disso, Ele providenciou uma para Adão.

Certamente, Ele forneceu o mesmo tipo de relacionamento com Ele para você também. Jesus veio à terra para nos livrar de toda e qualquer barreira. Quando Ele morreu na cruz, Ele nos permitiu ter um verdadeiro relacionamento com Ele. Sim, de muitas maneiras esse relacionamento deve ser suficiente. No entanto, deste lado do céu, Jesus sabe que ter relacionamentos com as pessoas na mesma jornada que nós somos é uma parte necessária da vida. Nós precisamos um do outro.

Você foi criado para a comunidade. Quando você tem medo de ter amigos, esse medo mostra que você não entende o desejo de Deus por sua vida. Ele deseja que você tenha uma comunidade deste lado do céu. Você foi feito para estar com os outros. Às vezes, é essencial lembrar-se do fato de que Deus, que te ama, tem o mesmo desejo de ter relacionamentos que você interiormente deseja ter.

Há uma história anedótica sobre uma criança que perdeu a mãe. O pai e o filho ficaram profundamente tristes com a perda de esposa e mãe. Quando eles estavam se recuperando, o pai um dia foi até o filho e disse: "Lembre-se, temos Jesus conosco e ele entende nossa dor". O filho olhou para o pai e disse: "Sim, pai, mas às vezes, quando você está triste, só precisa conversar com alguém para desabafar".

Não importa que esse jovem tenha tido problemas para entender que Jesus realmente tinha um relacionamento com ele enquanto caminhava na Terra. Deixaremos que o mal-entendido teológico do menino deslize apenas por um momento. Em vez disso, vamos tentar nos colocar no lugar dele. O que essa criança precisava em seu sofrimento era alguém que ele pudesse ver, ouvir e tocar. Ele não estava sendo blasfemo para Jesus; ao contrário, ele estava apenas expressando a necessidade sentida que Deus nos criou, a necessidade de companhia neste lado do céu.

Então, como você supera os problemas do medo na amizade?

Substitua o medo pela fé. Se você é um crente ou não, substituir seus medos pela fé é uma das chaves para amizades saudáveis. Tenha fé que Deus te criou para companhia. Tenha fé que suas deficiências são comuns às pessoas, afinal ninguém é perfeito. Finalmente, tenha fé em como Deus o fez atraente para outras pessoas por amizade.

Claro, você pode não ser tão engraçado quanto queria, ou jogar uma bola de basquete como gostaria, ou ser tão familiarizado com uma ampla variedade de questões quanto gostaria que fosse, mas Deus colocou no seu DNA os blocos de construção básicos de sua personalidade e caráter que o ajudarão a ser atraente para alguém em sua vida. Tenha fé no Deus que criou você e no produto que Ele criou (você), e isso deve lhe dar mais confiança para ter amigos.

Eu notei algo no ensino médio. Eram as meninas que pareciam não precisar tanto de meninos (e vice-versa) que eram as pessoas mais populares e mais procuradas. Quanto mais as pessoas tentavam fazer as pessoas gostarem delas, mais difícil as pessoas gostavam delas. As pessoas que tinham fé em si mesmas e como Deus as criou tiveram mais relacionamentos. Tenha fé que Deus fez você exatamente como deveria ser, faça tentativas genuínas de fazer amigos, mas depois relaxe e deixe Deus cuidar do resto. Você ficará surpreso com o quão mais confiante estará ao interagir com outras pessoas e com quanto mais atraente será para pessoas que procuram amigos como você.

Capítulo 7

Erros que você está cometendo: Buscando amizade na categoria errada de pessoa

Você pode estar pensando: "Categoria de pessoa?! O que ele quer dizer com isso ?!" Uma das melhores partes da cultura ocidental é como somos igualitários. Todos nascemos iguais e todos temos potencial para nos elevar acima de nossa sorte na vida. Portanto, categorizar pessoas é um tópico perigoso para um capítulo. Não estou dizendo que algumas pessoas são inerentemente melhores que outras. Estou, no entanto, dizendo que os relacionamentos caem em uma hierarquia. Existem níveis de relacionamento. Com demasiada frequência, as pessoas confundem certos relacionamentos com outros tipos de relacionamentos. Esse mal-entendido afeta como eles interagem com uma pessoa em particular. Lembremos que os relacionamentos fora da família se enquadram em uma das cinco categorias:

1) Inimigos

2) Estranhos

3) Conhecidos

4) Colegas de trabalho

5) Amigos

Muitas vezes, estamos buscando a aprovação de alguém que pensa que ele está na categoria de amigo, quando ele realmente não está. Outras vezes, não tomamos as medidas adequadas para levar nossos conhecidos a se tornarem amigos. Quando você entende que as pessoas se enquadram em categorias em nossas vidas, isso ajudará você a concentrar seu tempo um pouco melhor. Vamos percorrer as categorias e aprofundar um pouco mais.

Inimigos. Infelizmente, algumas pessoas provavelmente não gostam de você. Sim, 1% das pessoas por aí não têm inimigos. As outras 99% tem inimigos. Até Madre Teresa tinha pessoas que achavam que ela não passava de um proselitista que usava o ministério para promover o cristianismo. Subindo de nível, as pessoas também não gostaram de Jesus e Ele nunca machucou ninguém. Se Madre Teresa e Jesus não puderam levar uma vida sem inimigos, é mais provável que você tenha pessoas que não gostam de você. Desculpa.

Estranhos. Uma das vantagens de morar em uma cidade grande é que na maioria das vezes você pode se misturar. Se você mora em Memphis e algumas pessoas não gostam de você, bem, as chances de vê-las aleatoriamente na rua são pequenas a nenhum. Por que alguém que vive em Memphis não vê seu inimigo? Porque você está cercado por 500.000 estranhos. As probabilidades estão a seu favor.

A categoria mais estranha é fácil de definir. Um estranho é alguém que você não conhece. Sim, existem 500.000 amigos em potencial em Memphis, mas tentar descobrir como fazer amizade com todos eles, pode ser um pouco esmagador. Por enquanto, lembre-se de que a categoria "estranho" é a maior categoria de longe.

Conhecidos / Colegas de Trabalho. Este grupo é o mais confuso de todos em termos de amizade. Essas pessoas não são seus amigos, mas pode haver um nível de afeto entre você e alguém nesta categoria. São pessoas com quem você se diverte, ri e com as quais certamente interage para fins profissionais / sociais, mas não são seus amigos ainda.

Amigos. Este é o grupo principal da sua vida fora da família. São pessoas com quem você se sente à vontade para se divertir (mesmo que não seja engraçado), compartilhar seus pensamentos mais profundos e, por fim, chorar. Fora da família, essas são as pessoas mais próximas da sua vida. Sempre fui ensinado que você só poderia esperar ter um ou dois amigos na vida, mas eu não mantenho essa opinião agora. Você pode ter muitos, muitos mais de um ou dois amigos.

O problema é que confundimos conhecidos e parceiros de trabalho com amigos. Esperamos mais dos conhecidos do que eles podem dar. Os conhecidos e os parceiros de trabalho costumam passar mais tempo com você por motivos que não são altruístas. Eles gostam da sua empresa com base no que podem obter de você. Novamente, isso não é totalmente negativo. Seus colegas de trabalho podem realmente apreciar sua empresa porque você tem uma tarefa ou objetivo mútuo. Depois que essa tarefa é concluída, a base de sua companhia não é a mesma. Os conhecidos podem achar muito divertido você estar na quadra de tênis, mas fora da quadra você não tem esse vínculo em comum.

A compreensão de qual categoria em sua vida as pessoas se enquadram afetará o que você espera dos indivíduos. Quando você perceber que alguém é apenas um conhecido, poderá decidir se deseja tentar torná-lo amigo ou permitir que o relacionamento permaneça no nível atual. Você também aprende a esperar menos emocionalmente de um conhecido. Eles não são amigos. Em vez disso, eles são apenas uma pessoa agradável para interagir por enquanto. Se você tiver tempo e disposição, poderá trabalhar para mudar esse relacionamento para um nível mais profundo.

Como podemos fazer com que alguém se torne apenas um conhecido para um amigo? Grande parte do restante deste livro continua dando dicas práticas sobre como mudar alguém de um conhecido para um amigo. No entanto, para os propósitos deste capítulo, dê um passo atrás e descubra as categorias às quais as pessoas de sua vida pertencem. Se você honestamente colocar as pessoas na categoria certa, isso ajudará você a dar os próximos passos.

Por exemplo, uma vez eu contei provavelmente entre 60 e 70 pessoas como meus amigos. Honestamente, a maioria dessas pessoas era genuinamente gentil comigo, tinha um ótimo relacionamento comigo e estava mais do que disposta a ficar comigo. No entanto, com o tempo, comecei a perceber que NINGUÉM pode sair com 60 a 70 pessoas como um amigo. Muitos eram amigos centrais no passado, mas a vida mudou para eles e eles são apenas conhecidos. Bons conhecidos, pessoas gentis, mas esperar que eles agissem como amigos era muita pressão sobre mim e eles. Reconhecer que não havia tomado as medidas necessárias para mantê-los como amigos também foi um momento convincente para mim.

Estava na hora de começar a colocar as pessoas na categoria certa. Então, como você sabe quem é quem? Afinal, eu tinha 60 ou 70 "amigos" ao mesmo tempo. Eu larguei a maioria deles como um rompimento na adolescência e disse: "Não somos mais amigos?" Claro que não. Conto por um lado as pessoas que decidi em minha vida: "Elas simplesmente não valem a pena". Para a maioria dessas pessoas, também decidi que era egoísta e inconsiderada em minha decisão de não investir nelas.

No entanto, você realmente não pode ser amigo de todos. Se você tentar fazer isso, acabará perdendo todos eles. Então, como você prioriza?

1) **Não priorize amigos em detrimento da família.** Minha esposa é minha melhor amiga. À medida que meus filhos crescem, eles passam cada vez mais de meus filhos a serem amigos. Não vou impedir esses relacionamentos com o objetivo de fazer muitos amigos. Também não cairei na armadilha de pensar que, para ser um bom marido e pai, preciso priorizá-los o tempo todo, em detrimento de todas as outras coisas. Por exemplo, a Bíblia diz: "Busque primeiro o Reino de Deus e Sua justiça, e todas essas coisas serão adicionadas a você. . . " Portanto, sim, mesmo as Escrituras não elevam a família mais do que deveriam. Deus e Seu Reino vem primeiro.

Minha teoria é que, começando com GenXers, havia uma sensação de que precisávamos ser pais "melhores". Para fazer isso, sentimos que precisávamos estar com nossa família o tempo todo. Quanto mais um pai saía com seus filhos, melhor ele era. Claro, deveríamos estar com nossos filhos. Devemos priorizar a família. No entanto, assim como uma esposa pode precisar de apenas algumas horas para si mesma em um dia específico, seus filhos não querem ou PRECISAM que você esteja com eles 24 horas por dia, 7 dias por semana. Receio que, em nossa jornada, sejamos melhores pais, na verdade nos tornamos "pais sufocantes".

2) **Reconheça quando as amizades se tornaram um ídolo em sua vida**. Como será afirmado em outros capítulos, os amigos não devem ser sua fonte última de conforto ou alegria. Eles são um conforto e alegria parciais deste lado do céu. Se seu tempo, energia e esforço mental estão tão concentrados em fazer amigos que você não prioriza as coisas eternas - a Palavra de Deus, as almas dos homens e, sim, sua família, por exemplo - você sabe que sua jornada por amizades passou dos limites.

3) **Tome dicas sutis.** Você pode seguir as ideias deste livro e tentar fazer de alguém seu amigo, mas não há garantia de que ele retribuirá. Por mais que dependa de você, certifique-se de estar se esforçando para ser um amigo. No final, no entanto, nem tudo depende de você. Se essa pessoa nunca liga de novo, ou nunca ganha tempo, às vezes ser amigo de alguém implica em dar-lhe espaço.

4) **Deixar de lado não significa que você não é amigo / conhecido**. Talvez você tente pegar dicas sutis e se

afastar de alguém que pensou ser um amigo, mas essa pessoa é mais um conhecido. Não pense que essas dicas sutis significam que essa pessoa não se importa com você. Significa apenas que ele não vai definir a amizade no nível em que você deseja que ela seja definida. Afaste-se e você ficará surpreso com quantas dessas pessoas que você pensou que "não tinham tempo para ser um amigo" realmente são melhor definidas como "não tinham tempo", mas ainda se consideravam "um amigo. " Aprenda a aproveitar os momentos em que você recebeu uma ligação aleatória quando eles precisavam conversar ou quando os encontrava na loja. Existe uma paz incrível em reconhecer que parte do cuidado com outra pessoa também permite que as pessoas tenham a liberdade de definir seus próprios termos no relacionamento.

5) **Depois de perceber quem são os "inimigos" (mais fácil falar do que fazer...), estranhos, conhecidos / colegas de trabalho e, finalmente, amigos, você pode começar a tratar cada um deles de maneira mais apropriada, e isso diminui a pressão.** Por exemplo, saber quais pessoas se enquadram na categoria "inimigos" me ajuda a aprender a orar por elas. Não para orar para que Deus os atinja com hanseníase - embora eu queira orar por isso às vezes - mas que Deus me ajude a ser um bom exemplo para eles em minha vida. Depois que percebo quem são meus amigos principais, posso aprender a tomar medidas para priorizá-los ainda mais. Depois de perceber quem são meus conhecidos / colegas de trabalho, posso começar a interagir com eles, entendendo o papel deles na minha vida. Posso aceitar se eles querem ter um relacionamento amigável, mas distante (e ser feliz com esse

nível de relacionamento); mas também posso começar a ver se há algum conhecido que possa tomar medidas proativas para ser ainda melhor amigo.

6) **Pensamento adicional - "deixar ir".** Ser específico é fundamental quando se trata de dar conselhos na vida. Um conhecido me perguntou como eu entendi a dica quando alguém realmente não quer ser amigo, mas quer manter um relacionamento basicamente superficial. Eu gostaria de poder desenhar um gráfico específico mostrando quando você deve parar de tentar pedir a essa pessoa para sair ou tentar conversar mais profundamente com essa pessoa. Não há um número definido de vezes.

Para velhos amigos com quem estou tentando me encontrar, segui a regra do beisebol. Se pela terceira vez eu ligar e você não puder sair ou ter desculpas para se reunir posteriormente. . . você está fora. Não porque não quero manter uma amizade, mas porque sei que o número 4 desta lista está se tornando realidade. Este é um velho amigo que provavelmente gosta de mim, na verdade nos contaria como amigos, mas não tem tempo nem energia emocional para ser amigo.

Infelizmente, não tenho certeza de que a "regra do beisebol" seja ideal. Parece frio, pragmático e, para ser franco, tenho certeza de que o quebrei muito mais vezes do que gostaria de admitir. Então, qual é a resposta? Em vez de pensar em quantas vezes ligar para alguém para iniciar uma amizade, pense em qual é o seu objetivo na tentativa de uma amizade.

Você se lembra de que eu lhe disse que posso contar, por um lado, o número de amizades em minha vida adulta (na maioria dos anos 20) de que me mudei de propósito? Como me arrependo cada vez que fiz essa escolha? Me arrependo porque minhas motivações para não investir mais nelas eram puramente egoístas. Da mesma forma, verifique seu coração quando estiver telefonando para velhos amigos ou iniciando amizades. Entre em contato com eles se achar que pode ser uma bênção na vida deles. Não se trata de como eles podem te abençoar ou investir em você, mas o que você pode fazer por eles. Se você telefonou várias vezes e determinou que não pode ser, ou eles não querem que você seja, uma bênção na vida deles (amizade, conselho, ajuda etc.), é hora de seguir em frente e siga a etapa 4. Com o tempo, você ficará cada vez melhor ao ler até que ponto se esforçar pela amizade com os indivíduos.

Capítulo 8

Erros que você está cometendo: A maioria dos conselhos é bem-intencionada, mas contaminada pela experiência passada

Independentemente de você ser cristão ou não, o livro de Jó na Bíblia é um texto clássico. Estudar a jornada de Jó é uma reflexão absolutamente linda sobre a natureza humana, a amizade e, é claro, a interação de Deus com o homem. Procura responder a algumas das questões mais importantes da vida. Se existe um Deus, como ele interage conosco? Somos peões em algum jogo cósmico? Qual é a relação entre o bem e o mal em uma escala universal? Perguntas que. . . Não estou respondendo neste livro (é um livro de US $ 10, o que você espera?).

Como as últimas três gerações, especialmente a geração X, a geração Y e a geração Z, lutam com a ideia da verdade suprema, é interessante que um livro escrito há pelo menos 3500 anos tente responder às perguntas que os jovens fazem hoje. No livro, Jó tem quatro amigos que o ajudam durante seu tempo de necessidade. Jó perdeu todos os filhos, quase todos os empregados, praticamente tudo, menos a esposa. (Quem não tem um desempenho muito bom no livro, mas perdeu todos os filhos por causa do barulho. Dê uma folga para ela). Além de tudo, seu corpo está coberto de furúnculos, de modo que ele sente uma dor abjeta.

Quatro amigos o procuram e tentam confortá-lo. Eles começam muito bem em silêncio por uma semana. Eles estão lá apenas para estar presente com o amigo. Eles sabem que, às vezes, o melhor método de aconselhamento é estar presente e não dizer nada. No entanto, os amigos começam a bagunçar muito rapidamente depois daquela primeira semana. Eles começam a tentar explorar por que Jó está sofrendo. Eles passam cerca de 35 capítulos explicando ao amigo que ele está sofrendo por causa de algum pecado passado. Antes de pensar que esses homens são maus amigos, ou pelo menos os piores conselheiros da história do mundo, lembre-se de que eles chegaram a Jó, que está sofrendo, e que já passaram dias apenas estando presentes com ele. Estes são bons rapazes.

Esses são bons rapazes que estavam absolutamente errados. O conselho deles não poderia estar mais longe da verdade. Na verdade, Deus e Satanás estavam explorando o compromisso de Jó. Jó não fez nada especificamente errado para provocar seu sofrimento. Ele era um homem honrado - um pecador, é claro, mas, mesmo assim, um homem honrado.

Ler através de Jó me lembra várias verdades, mas em termos de amizade, mostra-me que o conselho dos homens é, na melhor das hipóteses, imperfeito. Todo conselho dado por todos na Terra é distorcido pelas experiências passadas e pelas próprias crenças. Consequentemente, é tolice colocar muito peso nos conselhos de outras pessoas.

Espere um minuto? A Bíblia não ensina que há sabedoria na abundância de conselhos (Provérbios 11:14)? Obviamente, há sabedoria em procurar conselhos de pessoas que têm mais experiência de vida do que você. No entanto, em seus relacionamentos, é melhor lembrar que seus amigos e familiares são extremamente limitados a qualquer conselho, ajuda ou conselho que eles derem.

Vi muitas mães e pais darem conselhos aos filhos adultos, sob o pretexto de serem úteis, mas inconscientemente distorcendo conselhos para manter os filhos morando perto deles. Eu assisti jovens adolescentes conversando sobre preferências de moda entre si, e cada uma delas sutilmente dando conselhos a seus amigos com base em seus próprios gostos e no que os faz parecer pessoalmente melhor. Os avós dão conselhos frequentemente com base em suas experiências de vida e, se suas experiências de vida foram distorcidas pela dor, seus conselhos são distorcidos pela dor. Se a vida deles tiver sido particularmente bem-sucedida em uma área, seus conselhos serão distorcidos à crença de que o sucesso virá novamente. Em nenhuma dessas situações as pessoas tentam ser injustas; eles simplesmente não podem ajudar suas preferências pessoais e crenças do passado a distorcer o que dizem. Então, como esse problema de conselho e conselho defeituosos o afetaria em sua jornada para ter e fazer amigos?

Primeiro, lembre-se de que os conselhos contidos neste livro também são distorcidos (aposto que você nunca teve um livro dizendo isso antes). Meus pensamentos e reflexões são baseados em 47 anos de experiências dolorosas e alegres. Eu acho que meu conselho é bom? Sim. Você confia nas minhas opiniões completamente? Espero que não.

Segundo, lembre-se do propósito da amizade. Como será dito neste livro, os amigos podem ser gratificantes, mas no final não podem satisfazer o coração. Se você acha que pode encontrar amigos que sempre dizem as coisas certas para você nos momentos bons e ruins, você está enganado. Uma dura verdade na vida: ninguém, baseado em suas próprias opiniões, diz as coisas certas o tempo todo.

A maioria das pessoas fala muito mal em momentos complexos da vida. Ao longo dos anos, parabenizei duas mulheres um pouco acima do peso, por suas maravilhosas gestações. (Elas não estavam grávidas... Esses momentos não deram certo.) Contei a outro conhecido que sua filha era linda (era sua irmã) e contei muitas piadas "hilárias" a amigos que caíram. Sou socialmente inapto (sem comentários) ou sou. . . humano. Em nenhuma dessas situações eu quis dizer a coisa errada, mas falei. Como regra geral, entender que as pessoas costumam dizer a coisa errada o ajudará ao receber conselhos.

Terceiro, entenda que se seus amigos não tiverem respostas para a vida, dê uma folga quando derem maus conselhos. Eles são frequentemente bem-intencionados, mas frequentemente estão errados. Ao mesmo tempo, não fique muito impressionado com os conselhos deles ou com os seus, já que nenhum de vocês tem todas as respostas.

Quarto, e mais importante, há uma fonte de verdade. Estou ciente de que nem todo mundo que está lendo este livro é seguidor de Cristo. No entanto, Jó nos lembra que existem respostas para perguntas na vida. Após 35 capítulos da sabedoria do homem, Deus interveio no final do livro de

Jó e deu as respostas - embora não as respostas que Jó queria. Eu tenho visto muitos pastores se levantarem e pregarem a Bíblia nos últimos 47 anos. Os melhores pregadores, de longe, são os que destacam que as pessoas devem sempre priorizar o que a Palavra de Deus diz sobre a opinião pessoal do pregador (e os melhores não dão muitas opiniões).

As pessoas não têm todas as respostas certas para os problemas e nem todas as coisas certas para dizer em cada situação social. Muitas amizades foram perdidas porque um amigo bem-intencionado deu maus conselhos. Por outro lado, uma amizade poderia ter sido fortalecida porque os amigos não demoraram a fazer o que os amigos de Jó fizeram - envolver-se quando o amigo estava sofrendo. Eles estavam intimidados demais para se envolver porque temiam dizer a coisa errada.

Ambas as situações poderiam ser evitadas se lembrarmos que procurar conselhos de amigos pode ser uma experiência significativa e útil, mas a fonte da Verdade está em um nível muito mais alto do que qualquer um de seus amigos. Compreender esse fato o ajudará a dar a si e a seus amigos uma folga muito necessária.

Capítulo 9

Etapas que você deve seguir: Fique móvel (tanto no telefone quanto na vida)

Agora, vamos seguir algumas etapas proativas que você pode seguir para fazer novos amigos e manter os que você possui. *Millennials* e *GenZers* vivem com seus rostos em seus telefones. Essa dependência do telefone não é totalmente ruim. Sei que é uma afirmação surpreendente, já que a maioria das pessoas (incluindo membros dessas gerações) se preocupa com a quantidade de tempo que as pessoas passam em seu telefone celular. No entanto, um telefone celular pode ser uma ferramenta incrível para a amizade. Os telefones celulares são impedimentos HORRÍVEIS à amizade, se eles são sua única saída social, mas pense no que os aplicativos de telefone celular podem permitir que você faça.

1. O Facebook permite que você acompanhe as pessoas em seu círculo imediato de influência e fora desse círculo imediato.

2. O Facebook também permite que você se lembre de datas importantes, como aniversários. Certamente não dói desejar a mais pessoas "parabéns".

3. O Instagram permite que você faça as mesmas coisas, mas geralmente com um círculo mais restrito de amigos.

4. O envio de mensagens de texto permite enviar mensagens rápidas quando você não tem tempo para uma conversa

longa. Consequentemente, é mais provável que você se comunique mais porque tem a opção de um bate-papo rápido.

5. Email. bem, acho que ninguém com menos de 20 anos usa e-mail, mas certamente ajuda você a fazer planos com amigos sem as longas conversas.

6. O Facetime permite que você veja amigos de todo o mundo gratuitamente.

7. O Whatsapp permite que você faça o mesmo que o Facetime e é tão amplamente usado internacionalmente que você pode conversar com qualquer pessoa, a qualquer hora e em qualquer lugar, desde que eles tenham uma conexão com a Internet.

8. Por último, mas não menos importante, você pode realmente CHAMAR pessoas no seu celular e manter um relacionamento.

Independentemente do que os pais pensem, os celulares não são inimigos. Não ser móvel dentro e fora do telefone é o inimigo. Se você deseja ter amigos, veja seu telefone como uma ferramenta para relacionamentos, não como um meio de escapar da conversa.

Admito que há momentos em que estou em uma longa fila e pego o telefone na esperança de passar o tempo, mas também na esperança de não ter que falar com ninguém. Penso comigo mesmo que "preciso de um descanso" e verificar alguns dos meus sites favoritos é um alívio bem-vindo das lutas da vida. De fato, estou confessando: se estou em uma reunião social e estou cansado da conversa fiada, faço a mesma coisa. Nos dois casos, estou permitindo que o telefone se torne uma muleta em vez de uma ferramenta.

O telefone, no entanto, não precisa ser uma muleta. Em vez disso, com um pouco de organização, pode se tornar uma ferramenta para fortalecer relacionamentos. Comece a fazer uma lista de pessoas com as quais você pode entrar em contato para manter um relacionamento. Tente garantir que, a cada duas semanas, você dê a alguém dessa lista um rápido e-mail, texto ou telefonema. As pessoas mantêm amizades não por momentos poderosos, mas por estarem próximas umas das outras. Agora, felizmente, podemos estar próximos de outra pessoa, mesmo que estejamos em outro país. Os telefones celulares permitiram a proximidade de qualquer lugar.

No entanto, ser móvel não significa apenas utilizar o seu telefone móvel. Ser móvel significa sair em público para fazer amigos.

Eu tenho várias conhecidas mais jovens que são mulheres. Elas desejam encontrar um companheiro. Elas não reclamam demais dessa necessidade, mas você pode dizer que elas querem ficar com alguém. É difícil namorar em um mundo onde as pessoas saem muito menos do que há 10 anos atrás. No entanto, se você quiser conhecer alguém novo, precisa ser móvel. Nenhuma relação de amizade começou em casa com um pote de sorvete Kibon enquanto se assistia "De Férias com o Ex" na televisão.

Os relacionamentos ocorrem porque você se expõe abertamente. Os relacionamentos discutidos aqui não precisam envolver romance. Até as amizades exigem se colocar em público. Se você deseja fazer amigos ou manter os que possui, aqui estão algumas ideias simples:

Participe de uma academia e saia de casa. Certamente não vai te machucar fisicamente (obviamente não estou incluindo uma foto minha neste livro por causa da minha falta de tempo na academia). No mínimo, oferece uma oportunidade de conhecer novas pessoas. Ou, você pode levar um amigo com você e usar esse tempo pra interagir. Se você gosta de realizar várias tarefas simultâneas, levar um amigo para a academia permite que você se cuide e faça amizade ao mesmo tempo.

Consiga um cachorro (ou peça emprestado a alguém). Minha família e eu vamos a um parque local de cães em Memphis toda semana. Claro, é raro termos conversas profundas com as pessoas no parque, mas a excursão nos leva a campo aberto. Você pode ter certeza de que um cachorro nunca conheceu um estranho. Dois cães se conhecerão sem hesitar. Então você e o dono do outro cão podem pelo menos ter uma conversa constrangedora, enquanto os dois cães farejam um ao outro em lugares que nunca devem ser farejados.

Fique online. Se você não está apenas procurando por um amigo, mas por um companheiro, POR QUE você não está em um site de namoro online? Lembro-me de quando ouvi falar pela primeira vez de namoro online. Meu primeiro pensamento foi: "assustador!" Eu estava errado, absolutamente errado. Em uma época em que todos estão online, o namoro online é uma maneira óbvia de conhecer pessoas. Sim, há ocasionalmente um assassino de machado online, mas fique um período em qualquer cidade grande por tempo suficiente e você terá a chance de conhecer alguém tanto pessoalmente quanto online. Temer o "e se" é uma das grandes razões pelas quais as pessoas ficam sozinhas. (Talvez a linha do assassino do machado não tenha sido a melhor maneira de convencê-lo sobre encontros on-line.)

Junte-se a uma igreja. Claro, você deveria ir à igreja porque quer adorar a Deus. No entanto, é tão errado ir à igreja na esperança de fazer bons amigos entre pessoas de bem? Eu nunca entendi o argumento de que você só deveria ir à igreja pelas razões certas. Eu não me importo sobre porque você vai à igreja! Apenas vá. O fruto da sua decisão é que você pode conhecer alguém com quem realmente vale a pena sair.

No final, o objetivo é apenas iniciar relacionamentos. Pessoas proativas fazem amigos. Pessoas estagnadas gostariam de ter amigos, mas nunca tiveram a chance de fazê-lo porque não têm oportunidade. Fique móvel com seu telefone e também sem ele, e você perceberá muito mais oportunidades para conhecer pessoas.

Capítulo 10

Etapas que você deve seguir: Aprenda a investir tempo nos outros

Lendo o livro de Filipenses, fiquei impressionado com os três últimos versículos do capítulo 4. Paulo disse:

21 Saudai a todos os santos em Cristo Jesus. Os irmãos que estão comigo vos saúdam. 22 Todos os santos vos saúdam, mas principalmente os que são da casa de César. 23 A graça de nosso Senhor Jesus Cristo seja com vós todos. Amém.

Esses são versos bastante inócuos. Parece que o apóstolo Paulo está simplesmente dizendo palavras de despedida para algumas pessoas que ele conhece. Ele também está dizendo: "Diga a 'fulano' que 'beltrano' disse oi". Esses versículos soam como o mesmo tipo de conclusão para uma conversa que teríamos hoje. No entanto, ao examinar esses versículos, uma simples verdade me ocorreu - Paulo nunca parou de procurar fazer mais amigos.

Paulo tinha todos os motivos para apenas sentar e relaxar em seu chamado de vida. Ele havia ministrado em Damasco, Jerusalém, Éfeso, Beréia, Filipos, Tessalônica, e assim por diante. Ele fundou igrejas em circunstâncias extremamente difíceis. Ele foi atingido por muitos golpes de pedra (para os adolescentes que leem este livro - não é aquele tipo de "pedra"), ele havia naufragado, havia sido espancado (ver 2 Coríntios 11) e foi deixado para morrer. Ele havia sido caçado pelas autoridades desde o dia em que começou a seguir a Cristo. Em certo sentido, ele passou do auge do poder concebido em uma religião para ser um fugitivo da justiça pelo resto de sua vida. Paulo poderia ter parado de viajar, iniciado um pequeno ministério, aproveitado seu tempo em qualquer aldeia que em que tivesse estabelecido sua vida e depois parado.

Mas ele não fez isso.

Paulo continuou se esforçando para iniciar novas igrejas. Ele continuou se afastando cada vez mais do seu passado para criar relacionamentos no presente. Ele nunca parou de tentar criar relacionamentos até o dia em que foi assassinado. Na verdade, ele ainda mantinha relacionamentos, mesmo enquanto estava na prisão. Mesmo quando não podia ficar cara a cara com os amigos, ele mantinha contato (consulte o capítulo anterior sobre Ser móvel).

Há muita coisa que podemos aprender com Paulo. Posso pensar em dois momentos diferentes da minha vida em que caí na armadilha de acreditar que apenas manter os amigos que já havia adquirido era a melhor maneira de viver minha vida. Em uma dessas ocasiões, eu me senti absolutamente sobrecarregado com as necessidades das pessoas ao meu redor e não queria adicionar mais relacionamentos ao meu prato. Um sub-motivo para não procurar novos amigos era que eu me sentia estranho por fazer novos amigos. Eu sentia como se estivesse traindo meus velhos amigos, ao formar novos.

Em outro momento da minha vida, eu estava passando por um momento difícil. Meus amigos principais ficaram ao meu redor e ajudaram a me tirar de um momento sombrio. Passamos muito tempo juntos, e eu senti que deveria manter o mesmo nível de interação com os amigos principais após o período de crise de antes. Todos os motivos listados acima podem parecer lógicos no momento, mas são maus motivos para evitar ramificações e fazer novos amigos. Vamos examinar cada um dos três (os dois pontos principais e o subponto).

1) **Ser oprimido.** Ser oprimido pode ocorrer quando você ministra a outras pessoas. As escrituras até nos dizem que não devemos "cansar-nos de fazer o bem" (Gálatas 6: 9). Não duvido que tenha havido várias vezes em minha própria vida, quando eu estava no meu máximo no tocante ao quanto poderia ajudar os outros. No entanto, não tentar encontrar novos relacionamentos não era a resposta, ser mais inteligente com meu próprio tempo era a chave. Eu disse a muitos ministros mais jovens (mas isso pode se aplicar a qualquer profissão), exagerar demais é basicamente nada mais que orgulho. Existe um no universo que pode ser mais de um lugar ao mesmo tempo, e você não é essa pessoa. Somente Deus pode realmente realizar várias tarefas perfeitamente. Em vez de ter um longo período de tempo sem tentar expandir meu círculo de pessoas que eu conhecia, talvez eu precisasse de algumas semanas para avaliar quais tarefas eu precisava eliminar da minha vida.

2) **Sentir como se estivesse traindo.** Se você não investe proativamente em alguém, não pode chamá-lo de amigo principal. No entanto, se você está investindo tempo nesse amigo central, procurar alguém para ter uma amizade não é traição, é apenas ser bíblico. Após a ressurreição, o mandamento mais comum de Jesus era "ir". Havia esse plano consistente de ir além de si mesmo e alcançar os outros pela causa de Cristo. Você pode não acreditar em Cristo, mas o conselho ainda permanece: vá! Você não está traindo seus velhos amigos fazendo novos. Em vez disso, você está apenas expandindo o número de pessoas a quem você pode ministrar e ser uma bênção.

3) **Passar por um momento difícil.** Sim, querer se apegar aos seus relacionamentos durante um momento difícil é certamente normal. Amigos que não estão dispostos a estar lá em momentos difíceis não são amigos. No entanto, e isso será difícil de ouvir, mesmo seus melhores amigos só lhe darão uma certa quantidade de tempo para passar por um momento difícil. Depois de muito tempo, você os esgotará. Uma vez conversei com uma amiga psicóloga sobre quanto tempo as pessoas vão dar a alguém para superar uma tragédia. Discutimos as tragédias mais impactantes que podemos enfrentar, como a morte de um filho ou cônjuge, o divórcio indesejado etc. Ela me disse: "É difícil ouvir isso, mas as pessoas têm três meses. Depois disso, as pessoas imaginam que seu amigo deveria ter superado isso até então. " Eu estava um pouco incrédulo. Como alguém pode esperar que uma mãe que perdeu um filho fique bem em três meses? Foram necessários alguns minutos de debate,

mas tive que admitir que minha amiga psicóloga estava certa. Você tem três meses.

Apegar-se a amigos em momentos difíceis é uma resposta típica, mas você não pode se apegar para sempre. No final, só existe um alguém que pode te conduzir em momentos difíceis, e seus amigos não são Ele. Eles podem ajudar, mas são tão humanos quanto você. Permita que eles entrem na sua vida, mas, em seguida, dê-lhes a liberdade de seguir também para os problemas de suas vidas e permitir que Deus preencha essa lacuna.

Nenhuma dessas três categorias é realmente um motivo válido para evitar fazer mais amigos. De fato, são razões de viver baseadas na culpa e no medo, que não só prejudicam suas chances de fazer novos amigos, mas também suas chances de estabelecer relacionamentos importantes na vida.

Você quer ter alegria na vida? De forma segura, mantenha as amizades que você tem. No entanto, a jornada para continuar fazendo mais e mais amigos nunca termina. Paulo sabia que depois de fazer um círculo de amigos em uma cidade, era hora de fazer em outra. Independentemente de quanto ele amou as pessoas nas igrejas que plantou, ele sabia que seu chamado era expandir seu círculo de influência. Como Paulo, nunca, nunca, nunca pare de fazer novos amigos.

Capítulo 11

Passos que você deve tomar: Reconhecer o local da amizade

A amizade tem um lugar na sua vida e não é o lugar que você pensa. Para as pessoas solteiras que estão lendo este livro, este capítulo pode parecer meio tendencioso. Para explicar o lugar da amizade, precisamos examinar a amizade primária que se pode ter na vida - o casamento.

Se você é abençoado o suficiente por ter encontrado um cônjuge, essa pessoa deve ser sua melhor amiga. Mulher, se você tem um grupo de amigas com quem você é mais aberta e emocionalmente mais íntima do que seu marido, então você tem um problema fundamental em seu relacionamento. Homem, se você tem um grupo de homens com quem você prefere estar do que sua esposa, é necessário reavaliar sua situação.

Não estou dizendo que você não deve ter amigos além de seu cônjuge. Estou dizendo, no entanto, que seu cônjuge deve ser seu melhor amigo. Ele / ela deve ser a pessoa com quem você deseja passar mais tempo no geral e a pessoa que mais deseja ver em sua vida. Momentos constrangedores virão e outros amigos também atenderão às necessidades, mas ninguém deve se comparar a seu cônjuge em termos de amizade.

Muitos de vocês estão pensando: "Uau, isso parece ótimo! Meu melhor amigo deve ser meu companheiro. Tê-lo como meu melhor amigo resolverá meu problema de solidão! " Não tão rápido. Seu cônjuge deve ser seu melhor amigo, mas seu cônjuge tem limites sobre o que ele / ela pode fazer por você. Por exemplo, Hollywood parece sugerir que, se você encontrar seu único amor verdadeiro, encontrará felicidade. Tantos filmes centram-se em encontrar aquele "verdadeiro amor" na vida. Uma vez que o verdadeiro amor seja encontrado, o contentamento seguirá em breve. Esse tipo de pensamento é contrário ao que um cônjuge pode fazer. Esse tipo de pensamento também é prejudicial em todos os seus relacionamentos.

O que seu cônjuge não pode fazer?

1) Seu cônjuge não pode satisfazê-lo completamente. A triste realidade da vida é que todos são incompletos sem Cristo. Mesmo quando um indivíduo entrega sua vida a Cristo, ele / ela o conhece apenas em parte (1 Coríntios 13). Ainda existe a sensação de estar incompleto até certo ponto, mesmo para os cristãos mais devotos. O casamento é o ato de duas pessoas incompletas se unirem. Dois incompletos não se juntam como um para se tornarem completos. Felizmente, eles se complementam, mas não trazem 100% de integridade. Se você acha que seu cônjuge vai deixá-lo inteiro, então você está pressionando demais o seu cônjuge. É uma pressão que ele nunca pode realmente cumprir. Ele está tão vazio por dentro de algumas maneiras quanto você.

2) Seu cônjuge não pode ser seu único "amor verdadeiro". Eu sei que isso é contrário ao que praticamente todas as pessoas românticas da história ensinaram não existe "um amor verdadeiro" na vida. Não me entenda mal, o Senhor certamente pode guiá-lo para um homem ou mulher muito especial, com quem você é extremamente compatível e com quem Ele quer que você se case; e sim, certamente existem algumas pessoas que podem parecer perfeitamente compatíveis. No final, no entanto, se você é um menino, há muitas meninas com as quais você pode ter uma vida perfeitamente feliz no casamento. Não existe apenas uma garota por aí que é a única para você. Acreditar nessa ideia de "um único amor verdadeiro" pressiona demais os jovens a encontrar um parceiro. Há muitas pessoas que podem ser companheiros perfeitamente compatíveis na vida. A crença de que apenas uma garota é o "único amor verdadeiro" por você também exerce pressão indevida sobre seu parceiro em potencial. Se você começar a pensar que sua esposa deveria ser a combinação perfeita que Deus tem para você, o que acontecerá quando você começar a perceber que a "Sra. Perfeita "está longe de ser perfeita 100% do tempo. Deus estragou tudo? Seu cônjuge não está vivendo de acordo com o potencial chamado por Deus? Ela não deveria ser o par perfeito que Ele fez para você?

3) Seu cônjuge não pode ser exatamente como o que você se casou. Uma lição extremamente dolorosa que muitos precisam aprender na vida é que seu cônjuge mudará com o tempo. Quantas vezes você já ouviu alguém dizer: "Ele não é o homem com quem me casei!" Bem, claro que não! Todo mundo muda. Homens e mulheres evoluem (e sim, às vezes regridem) ao longo do tempo. O casamento envolve a constante adaptação àquela pessoa com quem você se comprometeu. Também está se comprometendo que, não importa o que aconteça, vocês estão juntos até o fim. Talvez seu cônjuge tinha interesses semelhantes aos seus anos atrás, mas com o tempo esses interesses mudaram. Vinte anos atrás, eu adorava parques temáticos. Agora, se eu nunca mais voltar a andar de montanha-russa, posso viver com isso. Vinte anos atrás, minha esposa adorava *softball*. Ela não pega em uma luva há cerca de um ano, o melhor que posso dizer agora. Nós mudamos. Não apenas nossos gostos, mas nossas personalidades.

Você já pensou em quantas mulheres se casam com um cara, mas quando ele é mais velho, ele se torna um velho rabugento? Você acha que ele começou como um velho rabugento quando eles se casaram? Claro que não. No entanto, as personalidades mudam, mas a mulher forte está comprometida com o homem nos bons e maus momentos. O mesmo vale para o homem forte. Ele está comprometido com a esposa, independentemente da personalidade ou das mudanças físicas.

Acreditar que seu cônjuge sempre deve ser exatamente como você queria a princípio é tolice e um mal-entendido de compromisso.

4) Seu cônjuge não é o propósito de sua vida. Desculpe, Nicholas Sparks, não importa o quão romântico você escreva um romance, seu cônjuge não é o objetivo de sua vida. Ela pode trazer grande alegria. Ele pode ser um provedor maravilhoso. Vocês dois podem ser ótimos pais.

No final, outra pessoa não pode ser o objetivo da sua vida. Acima de tudo, esse é o fardo mais injusto que você pode colocar sobre seu cônjuge.

Essas mesmas ideias podem ser aplicadas aos seus amigos.

1) **Seus amigos não podem satisfazê-lo completamente.** Assim como você é uma pessoa incompleta, seus amigos nunca serão os ouvintes perfeitos, os melhores companheiros de time de basquete, os contadores de piadas mais engraçados - o tempo todo. Em vez disso, são personagens defeituosos como você. Se você está passando por um momento difícil, eles podem ajudá-lo, mas isso não significa que eles podem curá-lo completamente. Se você estiver na nuvem nove da sua vida, isso não significa que eles desejam ficar lá com você. No final, os relacionamentos não podem te satisfazer por inteiro, mas podem ser parcialmente gratificantes.

2) **Seu amigo não pode ser seu único "verdadeiro relacionamento".** Mudei um pouco a redação do que disse sobre seu cônjuge em relação ao "amor verdadeiro", mas a implicação ainda é a mesma: seu amigo não pode ser o único relacionamento central da sua vida. Primeiro de tudo, seu amigo não é Deus, então ele não pode ser o seu relacionamento principal, mas também não é a única pessoa que pode ser seu amigo. Há muitas, muitas pessoas que podem desempenhar o papel de ser seu amigo. Mais importante, existem literalmente milhões de pessoas neste país desesperadas por ter um amigo. Não se limite.

3) **Seu amigo não pode ser exatamente como você ou exatamente como sempre foi**. Perguntei a um amigo meu que estava solteiro até os trinta e poucos anos se ele estava sozinho e, se sim, como ele suportou a solidão de não ter uma família. Ele disse que tinha que aprender a sair com pessoas que não eram como ele. Não fique com homens de 20 anos se você é um homem de 20 anos. Aprenda a sair com casais e idosos, a orientar uma pessoa mais jovem e a estar com pessoas diferentes de você.

Mesmo os amigos que são parecidos com você inicialmente mudam com o tempo. Sim, algumas dessas mudanças podem dificultar a descoberta de pontos em comum, mas não fique chocado se o seu melhor amigo que adorava jogar bola com você há dez anos realmente quiser apenas sentar e pescar agora. Os interesses mudam, assim como as personalidades.

4) **Seu amigo não é o propósito da sua vida.** Este livro é definitivamente sobre o ensino de como fazer mais amigos. No entanto, no final, tenha cuidado para não começar a investir tanto em amigos que acabe esquecendo que eles têm um objetivo limitado. Eles não podem te satisfazer totalmente; eles podem ser apenas parcialmente satisfatórios. Amigos não serão o objetivo da sua vida. Há um velho ditado que diz que se você quer ter J-O-Y*, precisa seguir este plano de vida - Jesus, outros, você. Jesus primeiro, outros depois e você terceiro. Eu acho que é um ótimo plano. No entanto, "outros" inclui familiares, amigos, pessoas a quem você ministra, colegas de trabalho,

conhecidos etc. Há muitas pessoas que se enquadram na categoria "outros". Se você começar a se concentrar apenas nos "outros", começará a fazer desse grupo um ídolo e sentirá falta do "J" - Jesus.

Sim, procure amigos. Sim, siga as ideias apresentadas neste livro, mas lembre-se sempre de que amigos não são o objetivo da vida. É injusto colocar esse fardo sobre seus amigos pensando dessa maneira.

Nota. *JOY - "alegria" em inglês. No ditado original, JOY representa as iniciais de "Jesus, others, you"" – Jesus, outros, você.

Capítulo 12

Passos que você deve seguir: sair com Dorks

Você não tem amigos porque está sendo muito exigente.

As escrituras realmente falam sobre essa realidade no livro de Tiago. Tiago é um dos livros mais práticos de todo o Novo Testamento. Na verdade, é uma série de conselhos sábios do meio-irmão de Jesus. Tiago descreve um dos erros mais comuns que as pessoas cometem socialmente no capítulo 2 de Tiago:

1 Meus irmãos, não tenhais a fé de nosso Senhor Jesus Cristo, Senhor da glória, em acepção de pessoas. 2 Porque, se no vosso ajuntamento entrar algum homem com anel de ouro no dedo, com trajes preciosos, e entrar também algum pobre com sórdido traje, 3 E atentardes para o que traz o traje precioso, e lhe disserdes: Assenta-te tu aqui num lugar de honra, e disserdes ao pobre: Tu, fica aí em pé, ou assenta-te abaixo do meu estrado, 4 Porventura não fizestes distinção entre vós mesmos, e não vos fizestes juízes de maus pensamentos? 5 Ouvi, meus amados irmãos: Porventura não escolheu Deus aos pobres deste mundo para serem ricos na fé, e herdeiros do reino que prometeu aos que o amam? 6 Mas vós desonrastes o pobre. Porventura não vos oprimem os ricos, e não vos arrastam aos tribunais? 7 Porventura não blasfemam eles o bom nome que sobre vós foi invocado? 8 Todavia, se cumprirdes, conforme a Escritura, a lei real: Amarás a teu próximo como a ti mesmo, bem fazeis. 9 Mas, se fazeis acepção de pessoas, cometeis pecado, e sois redargüidos pela lei como transgressores.

Você pode ler isso e pensar consigo mesmo: "Isso não me descreve! Eu nunca seria tão esnobe que ignoraria o pobre homem e bajularia a pessoa rica. Talvez esse fato seja verdade e talvez não. (Em uma nota lateral, o que aconteceria se Bill Gates e eu entrarmos na sala onde você estava ao mesmo tempo?... Estou apostando que você prestaria mais atenção a Bill.)

Frequentemente, inconscientemente, tendemos a buscar amizade com certos tipos de pessoas e a ignorar possíveis relacionamentos com outras pessoas menos desejáveis. Esse processo começou no ensino médio. Para muitos adolescentes, é extremamente importante ser visto como parte da "multidão". Quem define a "multidão"? Normalmente, aqueles na "multidão" se autodefinem. As características, no entanto, são tipicamente as mesmas. Aqueles na multidão popular são os mais bonitos, os mais vestidos e os mais atléticos.

Do ensino fundamental ao ensino médio, o padrão de tentar se encaixar com as crianças populares continua. Na faculdade, essa luta é moderada. Afinal, existe uma variedade tão grande de estudantes, que é difícil denominar um grupo específico. Mas há uma opção que ocorre especificamente no estágio do ensino médio. Quando as pessoas começam a perceber que não vão se encaixar na multidão popular, começam a rejeitar essa hierarquia social e a criar a sua. Eles começam a procurar pessoas que são como eles. É por isso que a sociedade se divide em ainda mais grupos, como os "emos", os nerds, os atletas, os descolados, etc., etc, etc.

Quando adulto, achamos que já superamos todos esses problemas. A maioria dos adultos maduros reconhece que o talento atlético não importa mais e que qualquer marca que você tenha na sua camisa não importa. (A palavra-chave nessa frase é MADUROS) Portanto, assumimos que superamos essas tentações do ensino médio.

Mas não temos. Ainda somos inconscientemente mais agradáveis para o cabeleireiro mais bonito do que para o feio. Ainda gravitamos para as pessoas mais divertidas da igreja do que para os membros regulares da igreja. Ainda lisonjeamos um pouco o chefe no trabalho, mesmo quando não percebemos que estamos fazendo isso. Enquanto procuramos desesperadamente a aprovação daqueles que não precisam dela, sentimos falta das pessoas que anseiam por um relacionamento.

Quando adultos, cometemos esse mesmo erro com as estrelas de cinema. David Schwimmer estava sendo entrevistado em David Letterman há alguns anos atrás. Schwimmer falou sobre entrar em uma loja em Nova York e uma mulher o abordou por algo que ele havia feito no programa "Friends" naquela temporada. Você vê, David interpretou Ross. Ross namorou uma garota chamada Rachel, que foi interpretada por Jennifer Anniston. Observe que a palavra-chave era que David e Jennifer USARAM personagens na televisão. No entanto, essa mulher ficou brava com Schwimmer na vida real porque seu personagem havia feito algo errado com Rachel no programa de TV.

Seria fácil separar as ações dessa mulher da realidade e apenas dizer que ela estava emocionalmente fora da base. Ela não estava fora da base. Em vez disso, ela estava seguindo o padrão normal que os humanos seguem. Queremos estar perto das pessoas mais bonitas e engraçadas, como fizemos no ginásio. Como tantos adultos passam muito tempo diante da televisão, subconscientemente pensamos que CONHECEM as pessoas na tela. Queremos pensar que os conhecemos porque queremos ser apreciados pelos jovens "legais". Infelizmente, no entanto, esses atores não o conhecem. Sim, eles são bonitos e divertidos. No entanto, eles têm sua própria vida com suas próprias necessidades e desejos. Muitos, muitos americanos estão presos no ensino médio com relacionamentos. É só que eles estão tentando realizar esses mesmos desejos juvenis pela televisão.

No entanto, não precisa ser assim. Jamais esquecerei uma jovem chamada Jana da faculdade. Não falo com Jana há pelo menos 20 anos, mas ela deixou uma profunda impressão em mim durante os anos de faculdade. Jana era uma das garotas mais bonitas do campus. Ela era uma líder de torcida, extrovertida, e poderia ter saído com quem quisesse. Em vez disso, quando estava no primeiro e no último ano, ela sempre saía para almoçar com algumas das jovens "menos desejáveis". Ela estava rejeitando seus velhos amigos? Não. No entanto, ela estava percebendo que seu chamado na vida significava ser amigo de mais do que apenas um pequeno grupo de amigos. Ela viu uma oportunidade maior.

Você pode fazer o mesmo. Não faltam pessoas procurando amizade nos Estados Unidos. O USA Today informou há anos que 25% das pessoas em nosso país não têm um confidente próximo. Quantos desses 25% se parecem com modelos e são ricos? Não sei, mas garanto que uma quantidade excessiva desses 25% pode não ter a idade perfeita (muito velha), o corpo perfeito ou o nível educacional perfeito, mas eles estão procurando amigos. Voce quer amigos Pare de tentar estar no meio da multidão quando adulto. Como você faz isso?

1) **Mude suas categorias de idade.** Uma das minhas melhores amigas na vida acabou de completar 62 anos. Jogamos tênis juntos, mesmo tendo 15 anos mais novo que ela. Temos os mesmos interesses na vida? Afinal, ela não está completamente em um estágio diferente da vida. No entanto, temos muitos interesses semelhantes. Vinte anos atrás, eu teria olhado para um cara com 15 anos mais velho e dito: "O que esse avô está fazendo na quadra de tênis?" Agora, eu descobri que a idade é apenas um número. A amizade dela importa mais. (Ela também frequentemente ganha de mim).

2) **Mude suas categorias geográficas.** Este conselho é o mais radical. Eu tenho outro bom amigo cujo nome é Glenn. Glenn também é muito mais velho que eu. Glenn era um empresário de muito, muito sucesso que desistiu de tudo para se tornar um missionário na África. Glenn trabalha com pessoas das favelas do Quênia e da Tanzânia. Ele está cercado por pessoas o tempo todo. 30 anos atrás, Glenn teria saído com moradores de favelas? Duvido. De fato, a primeira vez que conversei com Glenn sobre viajar para uma missão

no exterior, ele olhou para mim como se eu fosse louco. "Por que ministrar no exterior quando há tanta necessidade em casa?" No entanto, com o tempo, Glenn percebeu que o Senhor queria que ele causasse impacto em todos os níveis da sociedade e em todas as regiões geográficas. Ele sempre foi amado como empresário na América. No entanto, agora ele tem um círculo adicional de amigos. Eles dirigem Porsches e fumam charutos finos? Não, mas ele tem mais amigos e é mais influente do que nunca em sua vida.

3) **Mude suas categorias de humor.** A maioria dos homens quer sair com outros homens que os fazem rir. Uma revista masculina fez uma pesquisa sobre humor. Eles descobriram que 67% dos homens que responderam sentiram que tinham "veias cômicas". Deixe-me contar um pequeno segredo... 67% dos homens NÃO são engraçados. (Claro, não estou me incluindo na categoria sem graça - sou hilário). Os homens podem ser barulhentos e engraçados, ou podem ter uma fala engraçada de vez em quando, mas 2 em cada 3 não são engraçados.

Então, onde isso deixa a grande maioria dos homens sem graça? Se todo mundo está tentando sair com caras engraçados, isso significa que quem não tem graça não tem amigos? Além disso, como a maioria dos homens está tentando se relacionar com outros tentando ser engraçado, isso não pressiona cada um a ser algo que ele realmente não é? Não procure o cara engraçado, ou pelo menos o cara mais divertido, para ser seu amigo. Em vez disso, reconheça que outras características fazem parte de um grande amigo como a bondade, a confiabilidade e a alegria. Os casais entendem esse conceito. Muitos casais que duram 50 anos ou mais parecem um tanto sem graça para os olhos externos. Muito raramente vejo alguém se separando de sua esposa de 70 anos. No entanto, ela encontrou paz e serenidade em outros atributos positivos, porque já ouviu todas as frases do marido nesse ponto.

4) **Mudar de entretenimento para ministério.** Eu garanto que você encontrará amigos se seguir este conselho. Pare de tentar basear os amigos no entretenimento e comece a alcançar as pessoas como ministério. Quer amigos? Despeje sua vida em alguém que precise de ajuda. Meu amigo no Quênia vive isso todos os dias. Você esta sozinho? Participe de um ministério que alcança aqueles que têm menos que você. Eles vão gostar de você, e se você continuar com isso, com o tempo, eles também desejam estar com você.

Em resumo, mude seu foco. Sair com as pessoas mais legais com certeza parecia ótimo no ensino médio. No entanto, a maioria das pessoas que ainda cobiçam estar na "multidão" ainda está presa mental e emocionalmente no ensino médio. As pessoas mais felizes são aquelas que reconhecem que uma variedade de tipos de pessoas pode fazer amigos incríveis.

Capítulo 13

Etapas que você deve tomar: Por que adotar a visão de longo prazo da vida mudará a maneira como você vê os relacionamentos

Não falamos mais sobre o céu. Muitas de nossas vidas, tanto espirituais quanto físicas, são gastas tentando fazer deste mundo atual um lugar melhor. Não falar do céu, no entanto, é um fenômeno recente. As pessoas costumavam refletir bastante sobre a vida após a morte. Você pode dizer nos velhos hinos e canções que as pessoas cantaram muito sobre como sua esperança está no céu. Por quê? Eles se concentraram no céu porque suas vidas naquela época eram mais difíceis.

Não estou sugerindo que, até algumas gerações atrás, as pessoas aparecessem como pessoas lamentáveis e tristes que eram miseráveis o tempo todo. Estou sugerindo que as circunstâncias de suas vidas foram muito, muito difíceis. As pessoas tinham que pensar no que acontece na próxima vida para superar as labutas do dia. Tantas pessoas eram agricultores de subsistência lutando contra os elementos do dia apenas para sobreviver.

Outros, na maior parte do mundo, eram escravos com pouco ou nenhum direito. Se você morasse em uma cidade, talvez não fosse escravo, mas possivelmente trabalhou em uma fábrica onde as condições de trabalho eram desumanas. Fora do trabalho, as pessoas viviam em casas pequenas, sem ar-condicionado, sem conveniências modernas. Se eles tivessem que sair de casa para sobreviver, sua capacidade de ver seus entes queridos novamente seria limitada, na melhor das hipóteses. Afinal, as restrições de viagem tornavam praticamente impossível voltar para casa. Viver além do raio de algumas milhas quadradas de onde você nasceu foi muito difícil.

Também não estou dizendo que a vida é fácil agora e que você precisa ter conveniências modernas para ser feliz, mas elas certamente ajudam! Lembro-me de contar a meu pai sobre uma de minhas viagens ao exterior para um país particularmente quente. Eles não tinham ar condicionado e a vida era bastante difícil. Mencionei o calor para meu pai, mas lembrei-me em voz alta: "Mas eu acho, pai, você viveu sem ar-condicionado quando criança, então isso não é um grande problema para você". Sua resposta: "Claro, filho, eu vivi sem ar-condicionado, mas isso não significa que eu queira fazer isso de novo".

No final, a vida era mais difícil até algumas gerações atrás, então as pessoas pensavam na vida após a morte. Sim, agora é difícil também. A morte ainda acontece. O abuso ainda acontece. A pobreza ainda acontece. Porém, para a grande maioria de nossa vida cotidiana, as circunstâncias são mais fáceis.

Infelizmente, a visão das pessoas da vida após a morte tornou-se distorcida ao longo do tempo. Quanto menos pessoas refletiam sobre a vida após a morte, mais difícil era imaginar como seria. Estou certo de que, mesmo há mil anos atrás, havia algumas ideias incrivelmente distorcidas sobre o Céu, mas certamente existem alguns conceitos errôneos agora.

As pessoas começaram a ver o Céu como sendo basicamente uma vida muito agradável aqui na Terra, apenas com Jesus presente também. Talvez algumas nuvens, alguns anjos e alguns cantos também tenham sido lançados. Nós vamos sair com a vovó e o vovô, brincar com os nossos cães (eu vou assumir que ninguém realmente acreditou que seu gato estava indo para o céu - essas pequenas criaturas são monstruosas), e voar nas asas do anjo.

Houve alguns problemas com essa perspectiva do céu. Primeiro, não há indicação nas Escrituras de que você tenha asas de anjo. Segundo os entes queridos só estarão lá se tiverem dado o coração a Cristo; e terceiro, não há provas de que seu cão (ou seu gato) esteja com certeza indo para o céu. (Eu acho que as Escrituras são bem claras que os animais estarão presentes nos novos céus e nova terra em Apocalipse, mas nas palavras de um dos meus bons amigos que é pastor: "Quando vejo meu cachorro se ajoelhar e confessar a Cristo como Senhor e Salvador, então eu vou ter certeza se ele está indo para o céu ").

Portanto, nossa perspectiva ao longo do tempo realmente limitou como é o céu. Seremos capazes de ver entes queridos? Eu acredito que sim. Veremos nossa esposa? Eu acredito que sim. E os nossos amigos? Eu acredito que sim. Estaremos EXATAMENTE como nos velhos tempos por toda a eternidade? Acho que não.

Desde que fomos criados para a comunidade, acho que teremos algum tipo de relacionamento no Céu, mas nenhum de nossos antigos relacionamentos será o que nos dará satisfação no Céu. Buscamos amizades porque precisamos da comunidade deste lado do céu. As amizades nos dão companheirismo, amor, riso, força e uma porção de outros aspectos positivos. No céu, no entanto, finalmente estaremos na presença daquele que realmente é a fonte de todas essas coisas. As amizades na Terra nos dão esses ideais em parte. Cristo nos dá todos esses ideais em toda a sua extensão no céu.

A alegria do Céu não ficará com seus entes queridos em felicidade perpétua. A alegria do céu será que você estará com Jesus. É isso que o céu vai ser - finalmente estar na presença dEle. Sim, podemos experimentar o Senhor em algum grau deste lado do céu. Quando olhamos para o céu e vemos a admiração de Sua criação, podemos experimentá-Lo. Quando experimentamos sua proteção contra um mundo muito caído, conseguimos desfrutar da segurança do Pai. (Qualquer pessoa com filhos pequenos sabe que, no final, a única maneira de sobreviver é pela ajuda celestial!) Quando você experimenta alegria, amor, paciência, bondade, benignidade, fé, então está tendo um toque do Pai, pois Ele é a fonte de todas essas coisas.

No entanto, apenas experimentamos esses aspectos positivos em parte deste lado do céu. No céu, finalmente experimentamos algo que nunca sentimos antes nesta satisfação completa da vida. Ficaremos satisfeitos apenas por estar com Jesus. Do mesmo modo que um marido se sente satisfeito, pelo menos momentaneamente, quando chega em casa e finalmente vê a mulher que ama, nossa experiência no Céu será aquela sensação multiplicada infinitamente.

Quando você começa a perceber que, na melhor das hipóteses, suas amizades são temporárias e que o relacionamento final que você terá na vida eterna é com Cristo, isso ajuda você a colocar suas amizades em perspectiva. As amizades não são projetadas para serem sua fonte final de qualquer coisa. Por exemplo, eles não podem ser a fonte de alegria, pois seu amigo é tão humano quanto você. Eles podem lhe dar um toque de alegria de vez em quando, mas não a alegria suprema. Quando esse entendimento finalmente chega, você começa a aliviar a pressão de suas amizades porque entende a importância de ter expectativas justas de seus amigos. Você começa a se sentir menos incompleto se não tiver tantos amigos quanto gostaria, porque sabe que seu destino eterno não está centrado nas amizades, mas no seu relacionamento com Cristo.

Amizades só podem lhe dar muito. Você foi projetado para desfrutar de amizades deste lado do céu. Antes de encerrar, deixe-me lembrá-lo do que as amizades podem trazer. Eles podem lhe trazer companhia nos bons quanto nos maus momentos. Eles o protegem dos inevitáveis momentos de solidão que ocorrem na vida. Eles são fontes de grande ajuda em sua vida e também na vida de seus filhos. A ideia de "é preciso uma comunidade" para sobreviver é verdadeira. No final, deste lado do céu, nada pode ser mais alegre do que rir da vida com um amigo ou mais reconfortante do que ficar sentado em silêncio com um amigo durante tempos difíceis. Este capítulo não foi projetado para lhe dizer que amizades não têm sentido. Eles são incrivelmente significativos.

No entanto, você também foi projetado para ter satisfação completa e final, não em outras pessoas, mas em Cristo. Cristo criou você para ter um relacionamento com ele. O objetivo da sua vida é conhecê-lo. Uma vida com Cristo é uma vida de satisfação final em um mundo insatisfatório. Se você não entregou sua vida a Ele, há uma razão pela qual você não se sente satisfeito.

Eu entreguei minha vida a Cristo há 30 anos. A vida teve alguns altos e baixos incríveis, e fui abençoado com mais amigos do que mereço, mas também senti a dor de amizades quebradas e relacionamentos decepcionantes. No final, o reconhecimento de que Jesus não é apenas um governante divino, mas também é Aquele que é o meu relacionamento finalmente satisfatório por toda a eternidade, fez toda a diferença deste lado do céu. Minha esperança e orações são para que você chegue à mesma conclusão. Você foi criado para os relacionamentos e deve procurá-los o máximo possível nesta vida, mas sem Cristo, você perdeu o relacionamento eterno mais importante de todos.

Qualquer um pode vir a Cristo e torná-lo Senhor da sua vida. Não importa o que você fez, o quão ruim você foi ou o quão bom você foi. Não importa se você é americano, brasileiro, guianense, russo etc., e certamente não importa se você é rico ou pobre; Deus deseja que todos experimentem o único relacionamento para o qual você foi criado - Ele. Se este livro fez você pensar não apenas em amigos, mas em Deus, e você nunca entregou sua vida a Ele, talvez possa render sua vida a Ele agora e começar a jornada para a maior amizade de sua vida eterna. Nesse caso, você pode dizer algo assim:

Querido Jesus, sei que fui criado para um relacionamento com você, sei que você não é apenas o Salvador da Biblia, mas o Senhor da minha vida. Quero dar minha vida a você e começar a experimentar a alegria que você dá. Obrigado por esta jornada que estou prestes a começar. Em nome de Jesus, amém.